U0897528

编委会

中国古代彝文谱牒

卷一

中共毕节市委宣传部 编

王继超 整理翻译

贵州出版集团
贵州民族出版社

图书在版编目（CIP）数据

中国古代彝文谱牒．卷一：彝汉对照 / 中共毕节市委宣传部编；王继超整理翻译．-- 贵阳：贵州民族出版社，2021.10

ISBN 978-7-5412-2670-0

Ⅰ．①中… Ⅱ．①中… ②王… Ⅲ．①彝族－谱牒－文献资料－研究－中国－彝、汉 Ⅳ．① K820.9

中国版本图书馆 CIP 数据核字（2021）第 206401 号

中国古代彝文谱牒（卷一）

ZHONGGUO GUDAI YIWENPUDIE（JUANYI）

中共毕节市委宣传部　编

王继超　整理翻译

出版发行　贵州民族出版社
地　　址　贵阳市观山湖区会展东路贵州出版集团大楼
邮　　编　550081
印　　刷　贵阳精彩数字印刷有限公司
开　　本　787mm × 1092mm　1/16
印　　张　17.25
字　　数　280 千字
版　　次　2021 年 10 月第 1 版
印　　次　2021 年 10 月第 1 次印刷
书　　号　ISBN 978-7-5412-2670-0
定　　价　168.00 元

前　　言

本书整理翻译自彝文古籍《彝家宗谱》第一部分，书中不仅追溯了彝族父子连名谱的源头，还记录了哎哺、尼能、什勺和武僰等氏族的谱系，以及从这些氏族中分支出的一些小支系谱。

哎哺、尼能、什勺和武僰，先是古老氏族的名称，后来彝族先民用这几个氏族的名称分别来表示他们强盛的时期，以此来记录历史，即哎哺时期、尼能时期、什勺时期、武僰时期。哎哺、尼能、什勺、武僰的谱系，则是对这些氏族谱系及那时所发生事件的记载或想象。

“哎哺”中的“哎”有“影子、灵魂”的意思，“哺”有“亮光、发光、发亮”等意，后来“哎哺”也用作彝族八卦中的乾、坤两卦名，“哎哺”又作为彝族哲学中认为的最小的物质元素名。在用八卦名称命名氏族时，哎哺是最古老的氏族名，其后才有用采舍、哼哈、鲁朵等六卦命名的氏族。

以父子连名谱编写历史的方法，是彝文文献的一大特点。彝族父子连名谱的起源，应当追溯到哎哺时期。哎哺时期是彝族先民从蒙昧走向文明的时期，那时就逐渐形成了彝族标志性的连名谱。这一时期，在不断总结天体及万物运行规律的基础上，人们还划分了时节，制定了历法。

《彝家宗谱》中对哎哺九十代分布的记载广泛，但不详细。而对尼能时代的记载，不仅具体的记载了尼能氏族等的分布地，还记载了各阶层的生产分工，所记载的谱系也更完整。这时候，尼能氏主要分布在尼米举勾（“举勾”意为“九大川”），包含着今四川省的大部分地区。“举勾”的中心“能沽录姆”为今成都市一带，尼能氏的活动范围后期也扩展到云贵高原的广大地区。

在信仰崇拜上，尼能氏和后来的什勺氏与武僰氏都盛行偶像崇拜。尼能氏从地位显赫的君长到一般的工匠，都热心于制作偶像。制作偶像的材料可以是泥或木，也可以是当时已开始应用的金属铜。尼能氏制作与膜拜用的偶像，应当和三星堆的铜像有联系，这是从尼能氏活动的时空作出的推测。

到什勺时期，什勺氏继承了尼能氏的偶像崇拜习俗。而到了武僰氏，偶像崇拜更达到了登峰造极的地步。“僰”为彝语发音，其含义有二：一是“以石、木、铜等雕塑或铸造出来的像”，二是“雕塑或铸造像来供奉的人”。“僰人”作为古彝人的重要组成部分，人们容易将其信仰与族群混为一谈，原本的代指成了专指。

什勺，又作“习索”“实勺”“什叟”“神勺”“辒蜀”，由哎哺繁衍而来，是彝族历史上第三个时期的代表。《彝家宗谱》里对什勺谱系的记载相对哎哺和尼能要少一些。什勺与尼能、举偶、武僰、米靡等氏族都起源于哎哺氏族，发祥地都为今滇西的点苍山麓、洱海周围，但强盛的时期不一样。

《武僰谱》一章收录有《恒略的三支僰谱》《天下五支僰谱》《武啥宗谱》《濮夷谱系》《阿武吐谱》《罗纪族谱》等，此外还包含了武僰的三个系统和濮夷的两个系统以及各系统融合的罗纪族谱等。

《天下五支僰谱》包含有《僰阿鲁谱》《支格阿鲁谱》《仇娄阿摩谱》《偬氏九子谱》《育氏谱》等五个分支谱。《天下五支僰谱》所述，天下的五支僰系武蒂僰所生。

支格阿鲁的名字几乎传遍整个彝区，这位传说中的英雄支格阿鲁，根据《彝家宗谱》中记载，他系僰阿余后代。有关支格阿鲁谱系的记载的彝文文献还有《彝族源流》《西南彝志》《彝族创世志》《物始纪略》《丧祭经》《祭祖经》《消灾经》《摩史苏》《诺沤曲姐》《阿鲁天干占》《阿鲁二十八星占》《阿鲁失物占》《阿鲁择日期》《阿鲁命运预测》《阿鲁竹卦经》《支嘎阿鲁王》《支嘎阿鲁传》等，其中以《彝族源流》《西南彝志》《彝家宗谱》《彝族创世志》《物始纪略》等的记载最为完整。

《武啥宗谱》分为《武色吞谱》《武古笃谱》《武德补谱》《武陀尼谱》四个分支谱，后来这四个分支虽然大部分融入了汉族等其他民族，但仍有一部分一直保留有彝民族的特征和习俗。

《濮夷谱系》中的濮夷，即为武濮，是古彝人中的一个工匠族群，源于武僰氏，为八部武古之一。在“洪水泛滥”的时候，八部武古中的七部被灭，剩下武濮所一部，与“六祖”中的布支系后裔糯雅毕古部结合后，往东迁徙到今贵州省的西北部、中部一带居住。在迁徙途中，有部分融入了“六祖”第六支系的舍阿宏、舍补任、舍哺固三部，壮大为一个比较大的群体。“六祖”第六支系的慕辞辞传四世，生德乌舍，德乌舍生舍乌蒙、舍阿宏、舍阿夺、舍补任、舍哺固等五子，舍阿夺与阿朱提联姻，融入了“白蛮”。舍阿宏、舍补任、舍哺固融入濮人，舍乌蒙传下默德施各支。武濮以拥有的手工技术和各种生产技能，为布支系的磨弥、播勒，默支系的阿哲、芒布、阿外惹、德施，侯支系的扯勒、乌蒙等部服役。

除了以上古老氏族的谱系外，选入本书的《彝家宗谱》中还部分记录了南诏王室的父子连名谱，多达七十八代。“罗纪”作为人名时，为南诏王皮罗阁，但作为群体名时，是对南诏王皮罗阁所辖境内彝族的统称，有时也泛指皮罗阁所辖境内各民族。罗纪家族起源于恒特氏，恒特氏是米靡氏族的核心，传下米靡三十一代。从族系上分，米靡氏族属于昆明族的一支，其第一代谱是从什勺氏什默采开始记载的，故罗纪的始祖应是什默采。

谱系是家族历史的记录，犹如国家的通史。在史书编年史一类的体例中，有的用君王年号为序来编写，有的用历法纪年来编写，而彝族作为创造了古老文字并用来记事的民族，历史上曾建立过若干具有国家形态的政权的民族，无论在记录家史或国史，都没有用国别、断代、编年、通史的体例，却独存以父子连名谱来记录历史，这体现了彝族先民独特的思维方式和记史习俗，而彝族的族谱是彝族先民留给后人的珍贵文化遗产。

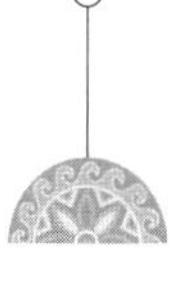

目　录

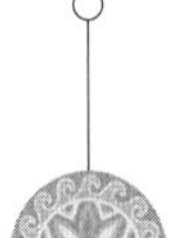

ʑɪ33 bu33 ts'ɪ13 ʂu21

哎哺谱系①

ʑɪ33 ʂʅ33 ɣo21 ɳɪ33 t'ɯ55	哎史俄乃一	一代哎史俄，
ʂʅ33 ɣo21 dɯ13 ɳɪ33 ɳɪ55	史俄道乃二	二代史俄道，
dɯ13 ɣa33 zɛ55 ɳɪ33 sɯ33	道雅惹乃三	三代道雅惹，
zɛ55 ɣa33 lu33 ɳɪ21 ɬi33	惹雅鲁乃四	四代惹雅鲁，
lu33 ɣa33 xɯ21 ɳɪ33 ŋu33	鲁雅侯乃五	五代鲁雅侯，
xɯ21 ɣa33 t'a33 ɳɪ33 tɕ'o13	侯雅塔乃六	六代侯雅塔，
t'a21 ɣa33 ŋu33 ɳɪ33 ɕi55	塔雅恩乃七	七代塔雅濮，
ŋu33 t'a21 p'u21 ɳɪ33 hɪ13	恩塔濮乃八	八代恩塔族，
p'u21 la13 ʑi55 ɳɪ33 tɕy33	濮拉依乃九	九代濮拉依，
la13 ʑi55 ndzɯ21 mi55 ts'ɯ21	拉依则咪十	拉依则咪十，

注音	直译	意译
ʐɿ33 bu33 tsʻɯ21 tsʻɪ13 ʑy21	哎哺十代数	哎哺传十代，
ndzɯ21 ɣa33 mi55 lo33 kʻɯ33	则雅咪与到	到了则咪氏。
ndzɯ21 ȵɯ55 ȵɯ33	议 窃 窃	议窃窃，
mi55 pʻo21 pʻo21	语 绵 绵	语绵绵，
ndzɯ21 mi55 ȵɿ55 me13 hɛ33	则咪两名好	则咪的两贤，
ʐɿ33 bu33 hɪ21 ʐɯ33 dɯ13	哎哺氏也出	出自哎哺氏。
bi21 pʻu55 ȵo21 ʐɯ33 ȵɿ33	天顶内于坐	坐在天顶上，
bi21 pʻu55 tʻa21 ndo33 so21	天顶一宫华	占据天上一华宫。
ndʐu55 mi33 ɣo13 mi13 kʻo12	华天丽地出	现锦绣天地，
ndʐu55 dʑi21 ɣo13 hu21 bu21	华日皓月明	耀日皓月明，
ndʐu55 dʑɛ21 ndʐu55 vu55 ʂa13	丽树丽禽栖	丽禽栖丽树。
ndʐu55 xɯ21 ɣo13 xɯ21 no33	珠侯卧侯呢	在珠侯卧侯地方②，

ndʐu^{55} su^{13} tʻa^{21} xɯ^{33} dzu^{21}	华人一氏住	住一氏贤人，
ndʐu^{55} tʻu^{55} tʻi^{55} ɖu^{33} ɖu^{33}	华天地辨丽	辨识华丽天地，
sɛ^{55} mi^{55} nɯ^{13} ȵy^{21} ʑɯ^{33}	知识雾青涌	知识如雾涌，
tɛ^{13} tɕɪ^{13} sɯ^{55} ʑɯ^{33} tsɪ^{13}	云星似之密	密集如云星，
ndʐu^{55} tʻu^{33} tsɪ^{13} ka^{21} ka^{21}	华上辨明明	列出美天象。
ho^{21} gu^{33} nu^{33} nɯ^{21} ha^{33}	见识霭红漫	见识似霭漫，
tʻu^{55} ʑɯ^{33} ndʐu^{55} dʑi^{21} tsʻo^{13}	面也华日照	耀日照面容，
dʑy^{21} ʑɯ^{33} ɣo^{13} hu^{12} bu^{21}	躯也皓月映	皓月映身躯，
ne^{33} ʑɯ^{33} sɛ^{55} mi^{55} tsɪ^{13}	心也知识布	心里想知识，
kʻɯ^{33} ʑɯ^{33} sɛ^{55} mi^{55} mba^{33}	口也知识讲	口里讲知识，
la^{13} ʑɯ^{33} sɛ^{55} mi^{55} go^{33}	手也知识写	手里写知识。
ndʐu^{55} tʻu^{33} ʑi^{55} dzɛ^{21} dzɛ^{21}	华上花纷纷	天上繁星闪，

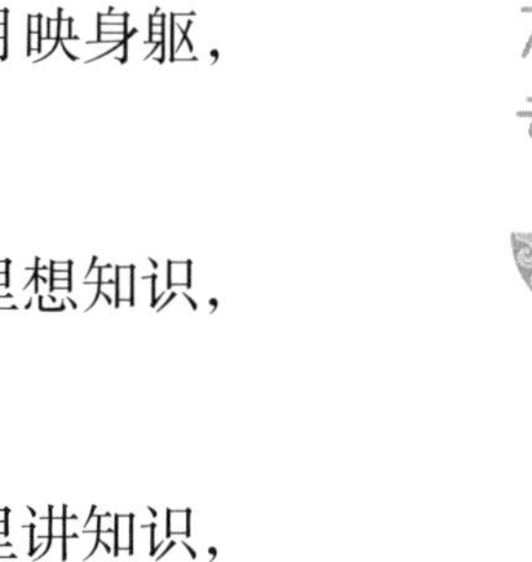

ndzu̧55 dzi̧21 ndzu̧55 hu21 bu21	耀日皓月明	耀日皓月明，
ndzu̧55 hu21 bu21 lɪ21 no33	皓月明来呢	既有皓月照，
tɕɪ13 ʈʻu13 tʻɯ21 le33 bu21	星白澈随照	又有星闪烁，
ndzɯ21 mi55 hɪ21 mu33 dza̧33	则咪根这样	则咪根这样[3]。
tɕʻo13 ŋu33 dzɯ21 nu33 nu33	象五对多多	缤纷的五彩，
ndzɯ21 ʐɯ33 mi55 ɣa33 hɪ21	则与咪之源	是则咪的根源。
ndzɯ21 mi55 ndzɯ21 du33 ko33	则咪智道管	则咪管智慧，
dɯ13 no33 mi33 mi13 tsʻɪ13	出乃天地代	与天地同源，
tʻɯ13 no33 tʻy21 lo13 lɯ55	云乃此是也	是这样说的。

ɣɪ33 ʈʂʻu33 ʈʂʻu33 ɲɪ33 tʻɯ55	哎楚楚乃一	一代哎楚楚，
ʈʂʻu33 ʈʂʻu33 hɪ21 ɲɪ33 ɲɪ55	楚楚恒乃二	二代楚楚恒，

hɪ^{21} mɛ^{33} ʂɛ^{13} ɳɪ^{33} sɯ^{33}　恒默舍乃三　三代恒默舍，

mɛ^{33} ʂɛ^{13} ɣo^{21} ɖu^{33} ɬi^{33}　舍俄多乃四　四代舍俄多，

ɣo^{21} ɖu^{33} ʑi^{55} ɳɪ^{33} ŋu^{33}　俄多依乃五　五代俄多依，

ʑi^{55} dzɛ^{21} dzɛ^{21} ɳɪ^{33} tɕʻo^{13}　依则则乃六　六代依则则，

dzɛ^{21} dzɛ^{21} ʑɪ^{33} ɳɪ^{33} ɕi^{55}　则则哎乃七　七代则则哎，

ʑɪ^{33} bu^{33} ɕi^{55} tsʻɪ^{13} ʑy^{21}　哎哺七代数　哎哺传七代，

ʑi^{33} ɣa^{33} bu^{33} lo^{33} kʻɯ^{33}　哎雅哺了到　到哎哺时代。

pʻu^{21} gɯ^{55} ɳɪ^{55} mɛ^{13} hɛ^{33}　濮勾两名好　濮勾的两贤，

ʑɪ^{33} bu^{33} hɪ^{21} ʑɯ^{33} dɯ^{13}　哎哺氏也出　出自哎哺氏，

mi^{55} dʑy^{33} kʻɯ^{55}　文 高 上　上通晓天文，

gu^{33} hɪ^{13} tso^{21} ʑɯ^{33} tʻe^{13}　史八根也变　下熟谙地理。

bi^{21} pʻu^{55} ndo^{33} so^{21} ɳɪ^{33}　天顶宫也坐　坐在天宫里，

bi^{21} p‘u^{55} t‘a^{21} ndo^{33} so^{21}	天顶一宫华	天顶一华宫，
ndzu̩^{55} mu^{33} ndzu̩^{55} t‘a^{33} tɕ‘o^{21}	华高华上景	美丽的上空，
ndzu̩^{55} dzi^{21} ndzu̩^{55} hu^{21} ts‘o^{13}	耀日皓月照	耀日皓月照，
ndzu̩^{55} dzi^{33} ndzu̩^{55} ndzu^{33} ɳɹ^{21}	胜境贤君住	贤君住胜境，
ndzu̩^{55} ndzu^{33} ndzu̩^{55} mu^{55} gu^{21}	贤君贤臣处	贤君臣地方，
ndzu̩^{55} su^{13} t‘a^{21} xɯ^{33} dzu^{21}	贤人一氏住	住一氏贤人。
ndzu̩^{55} t‘u^{55} ndzu̩^{55} t‘i^{55} ka^{13}	华丽天地识	识华丽天地，
t‘u^{33} t‘i^{55} mo^{21} mo^{21}	上 下 井 井	上下有秩序，
sɛ^{55} t‘u^{33} mu^{33} lɪ^{21} tsɪ^{13}	奢妥姆来定	奢妥姆来定，
ho^{21} gu^{33} ho^{21} lɪ^{21} ka^{13}	豪谷洪来论	豪谷洪来论，
ndzu̩^{55} su^{13} yo^{13} su^{13} dzu^{21}	贤人丽来住	贤人住福地。
ne^{33} zu^{33} sɛ^{55} mi^{55} ndy^{55}	心也知识想	心里想知识，

k‘ɯ^{33} ʐɯ^{33} sɛ^{55} mi^{55} tsɿ^{13}　　口也知识讲　　口里讲知识，

la^{13} ʐɯ^{33} sɛ^{55} mi^{55} go^{33}　　手也知识写　　手里写知识。

ndʐu^{55} t‘u^{33} ʑi^{55} dzɛ^{21} dzɛ^{21}　　锦上花朗朗　　天上繁星闪，

tɕɿ^{13} ʈ‘u^{13} t‘ɯ^{33} le^{33} bu^{21}　　星白澈璀璨　　明星亮晶晶，

dʑy^{33} k‘ɯ^{55} ndzu^{33} mu^{33} dʐa^{33}　　至上君形成　　形成至上君，

dʑy^{33} k‘ɯ^{55} mu^{55} zu^{33} ʑɛ^{33}　　至上臣子大　　和尊贵大臣，

tɕ‘o^{13} ŋu^{33} dzɯ^{21} ʐɯ^{33} ve^{13}　　色五对也穿　　身穿五色衣，

t‘y^{21} no^{33} t‘y^{21} lo^{13} lɯ^{55}　　其乃此是了　　就是这样的。

ʑɿ^{33} tsɿ^{13} tsɿ^{13} ȵɿ^{33} t‘ɯ^{55}　　哎载载乃一　　一代哎载载，

tsɿ^{13} tsɿ^{13} sɯ^{55} ȵɿ^{33} ȵɿ^{55}　　载载叟乃二　　二代载载叟，

sɯ^{55} a^{21} mu^{33} ȵɿ^{33} sɯ^{33}　　叟阿牟乃三　　三代叟阿牟，

mu^{33} ɣa^{33} xɯ^{21} ȵɪ^{33} ɬi^{33}	牟阿侯乃四	四代牟阿侯，
xɯ^{21} ʈa^{13} zu^{33} ȵɪ^{33} ŋu^{33}	侯大孺乃五	五代侯大孺，
ʈa^{13} zu^{33} a^{33} na^{33} tɕʻo^{13}	孺阿纳乃六	六代孺阿纳，
a^{33} na^{33} ŋgu^{21} ȵɪ^{33} ɕi^{55}	阿纳贡乃七	七代阿纳贡，
na^{33} ŋgu^{21} du^{21} ȵɪ^{33} hɪ^{13}	纳贡度乃八	八代纳贡度，
ŋgu^{21} du^{21} dʑy^{33} ȵɪ^{33} tɕy^{33}	贡度举乃九	九代贡度举，
dʑy^{21} lɯ^{55} lɯ^{33} ȵɪ^{33} tsʻɯ^{21}	举娄娄乃十	十代举娄娄。
ʑɪ^{33} bu^{33} tsʻɯ^{21} tsʻɪ^{13} ʑy^{21}	哎哺十代传	哎哺传十代，
lɯ^{55} kʻu^{33} mu^{33}	娄　苦　姆	到了娄苦姆[4]，
lɪ^{12} hu^{21} ʑɛ^{33} ɣa^{33} kʻɯ^{33}	列洪耶了到	列洪耶时代[5]。
lɯ^{55} ɣo^{21} ȵɪ^{55} mɛ^{13} hɛ^{33}	娄娥两名好	娄娥两贤人，
ʑɪ^{33} bu^{33} tsʻɛ^{13} ʂɛ^{13} hɪ^{21}	哎哺采舍裔	出自哎哺裔，

tsʻɛ^{13} ʂɛ^{13} hɪ^{21} ʐɯ^{33} dɯ^{13}	采舍氏也出	采舍氏内部⑥。
bi^{21} pʻu^{55} ndo^{21} ʐɯ^{33} ɳɪ^{33}	天宫顶也坐	坐在天宫里，
bi^{21} pʻu^{55} tʻa^{21} ndo^{33} so^{21}	天顶一宫华	天上一华宫，
ndʐʅ^{55} mi^{33} ndʐʅ^{55} dʑi^{21} tsʻo^{13}	艳天耀日晴	艳天耀日晴，
ndʐʅ^{55} hu^{21} bu^{21} lɯ^{33} lɯ^{33}	锦月明朗朗	皓月明朗朗，
ndʐʅ^{55} pʻu^{21} ndʐʅ^{55} se^{33} dzo^{33}	锦地葱木长	锦地长葱木，
ndʐʅ^{55} ndɪ^{21} ndʐʅ^{55} lo^{33} dʐa^{33}	锦原玉石生	锦原生玉石。
ndʐʅ^{55} tʻu^{33} ndʐʅ^{55} ndzu^{33} ɳɪ^{21}	锦上锦君坐	天上有贤君，
ndʐʅ^{55} tʻi^{55} ndʐʅ^{55} fu^{33} gu^{21}	锦下锦王堂	地上有明王，
ndʐʅ^{55} su^{13} tʻa^{21} xɯ^{33} dzu^{21}	贤人一氏住	住一氏贤人。
ʈʻu^{55} ʐɯ^{33} ndʐʅ^{55} dʑi^{21} tsʻo^{13}	面也耀日照	耀日照面容，
dʑy^{21} ʐɯ^{33} ndʐʅ^{55} hu^{21} bu^{21}	身也皎月映	皎月映身躯。

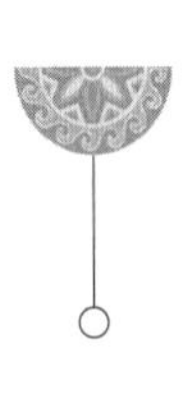

ne^{33} ʑɯ^{33} sɛ^{55} mi^{55} ndy^{55}	心也知识想	心里想知识，
kʻɯ^{33} ʑɯ^{33} sɛ^{55} mi^{55} ʑy^{21}	口也知识诵	口里诵知识，
la^{13} ʑɯ^{33} sɛ^{55} mi^{55} go^{33}	手也知识写	手里写知识，
la^{13} vu^{33} vu^{33} ʑɯ^{33} go^{33}	手舞舞也写	快速地书写。
ndʐu^{55} tʻu^{33} ʑi^{55} dzɛ^{21} dzɛ^{21}	华乾花朗朗	天上繁星闪，
ɣo^{13} tʻi^{55} bu^{21} lɯ^{33} lɯ^{33}	丽坤明朗朗	地上明朗朗，
ʑɿ^{33} bu^{33} hɪ^{21} ʑɯ^{33} dɯ^{13}	哎哺源也出	哎哺源出现，
tʻy^{21} no^{33} tʻy^{21} lo^{13} lɯ^{55}	其乃此是了	就是这样的。
ʑɿ^{33} tʻu^{33} tʻu^{33} ɲɪ^{33} tʻɯ^{55}	哎妥妥乃一	一代哎妥妥，
tʻu^{33} tʻu^{33} dɯ^{13} ɲɪ^{33} ɲɪ^{55}	妥妥斗乃二	二代妥妥斗，
dɯ^{13} kʻu^{33} kʻɯ^{33} ɲɪ^{33} sɯ^{33}	斗柯克乃三	三代斗柯克，

注音	直译	意译
kʻɯ33 ɣa33 lɯ55 ɳɹ33 ɬi33	柯雅娄乃四	四代柯雅娄，
lɯ55 ɣa33 ndʑo13 ɳɹ33 ŋu33	娄雅觉乃五	五代娄雅觉，
ndʑo13 hu21 tɛ13 ɳɹ33 tɕʻo13	觉宏戴乃六	六代觉宏戴，
hu21 tɛ13 mu33 nu33 ɕi55	戴猛努乃七	七代戴猛努，
mu33 nu33 ɣo21 ɳɹ33 hɪ13	猛努俄乃八。	八代猛努俄，
ɣo21 lu21 ɣɯ21 za21 tɕy33	鲁遏让乃九	九代鲁遏让，
ɣɯ21 za13 mi13 xɯ21 tsʻɯ21	让靡侯乃十	十代让靡侯。
ʐɪ33 bu33 tsʻɯ21 tsʻɪ13 ʐy21	哎哺十代传	哎哺传十代，
vu33 lɯ55 lɯ33	武　娄　娄	传到武娄娄，
xɯ21 ɖu33 ɖu33 ʐɯ33 kʻɯ33	侯朵朵也到	侯朵朵时代。
vu33 xɯ21 ɳɹ55 hɪ21 hɛ33	武侯二根好	武侯的根好，
ʐɪ33 bu33 hɪ21 ʐɯ33 dɯ13	哎哺源于出	源出于哎哺。

读音	直译	意译
bi^{21} pʻu^{55} gu^{21} ndo^{33} nɹ^{33}	天顶宫中住	住天顶中宫，
bi^{21} pʻu^{55} tʻa^{21} ndo^{33} so^{21}	天顶一宫华	天顶一华宫。
ndʐu^{55} mi^{33} ʐo^{21} ʐo^{33} tʻe^{13}	艳天自自变	艳天自然变，
ndʐu^{55} dʐɿ^{21} tsʻo^{13} zɯ^{33} zɯ^{33}	耀日照融融	耀日照融融，
sɛ^{55} mi^{55} gɯ^{55} tʻu^{13} ʈu^{33}	知文鹤白现	知识如鹤样。
ndʐu^{55} mi^{13} ʐo^{21} ʐo^{33} dɯ^{13}	华地自自出	大地自然生，
ndʐu^{55} hu^{21} bu^{21} lɯ^{33} lɯ^{33}	皎月明朗朗，	皎月明朗朗，
ho^{21} gu^{21} ɣo^{13} ȵy^{21} dɯ^{13}	见章鹃青生	见识如鹃样。
ndʐu^{55} su^{13} tʻa^{21} xɯ^{33} dzu^{21}	贤人一氏住	住一氏贤人，
ndʐu^{55} ndzu^{33} ndʐu^{55} lɿ^{21} ȵɿ^{21}	贤君贤来坐	有贤良的君，
ndʐu^{55} fu^{33} ndʐu^{55} lɿ^{21} gu^{21}	贤王贤来乐	有明德的王，
ndʐu^{55} ndzu^{33} ndʐu^{55} dʑy^{21} dɿ^{13}	贤君圣体生	贤君生圣体。

ndzu̩^{55} mu^{55} ndzu̩^{55} mi^{55} tsɪ^{13}	贤臣美文集	贤臣集美文。
ne^{33} ʐɯ^{33} sɛ^{55} mi^{55} ndy^{55}	心也知识想	心里想知识，
kʻɯ^{33} ʐɯ^{33} sɛ^{55} mi^{55} mba^{33}	口也知识讲	口里讲知识，
la^{13} ʐɯ^{33} sɛ^{55} mi^{55} go^{33}	手也知识写	手里写知识，
sɛ^{55} go^{33} la^{13} vu^{33} vu^{33}	知写手舞舞	快速地书写。
ndzu̩^{55} tʻu^{33} ʐi^{55} dzɛ^{21} dzɛ^{21}	华上花朗朗	天上繁屋闪，
su^{33} tʻu^{13} mɛ^{33} le^{33} le^{33}	书天锦卷卷	写卷卷天文。
mu^{21} tɕʻo^{21} dzɯ^{21} nu^{33} nu^{33}	形象显多多	有无数形象，
sɛ^{55} dʑy^{33} bo^{21} ʐɯ^{33} vɛ^{33}	知高山也越	知识遍山野，
tʻy^{21} xɯ^{21} bu^{33} ʐɯ^{33} tʂɯ^{55}	其海岸也收	见闻多如海水。
sɛ^{55} mi^{55} tu^{13} lɯ^{55} lɯ^{33}	知识千计计	知识以千计，
ho^{21} gu^{21} tɕɪ^{13} sa^{33} sa^{33}	见识亿兆兆	见识有无数，

ʑɿ^{33} bu^{33} hɿ^{21} ʐɯ^{33} dɯ^{13}	哎哺源也出	都出自哎哺。
sɛ^{55} vu^{33} xɯ^{21} ʐɯ^{33} dzy^{21}	知武侯也汇	武侯汇知识，
vu^{21} xɯ^{21} mi^{55} zu^{33} ɲɿ^{13}	武侯咪子幼	武侯咪幼子，
vu^{33} mu^{33} vu^{33} ɬi^{55} lɯ^{33}	武自武生了	武侯氏发展。
ndʐu^{55} bi^{21} tɕy^{33} bi^{21} pʻu^{55}	美丽九重霄	美丽九重霄，
tɕy^{33} pʻu^{55} tɕy^{33} ɣo^{21} ndo^{33}	华顶九顶上	九霄九重宫，
ndʐu^{55} su^{13} tɕy^{33} ʐo^{21} ɲɿ^{21}	贤人九位坐	坐九位贤人。
ndʐu^{55} dʑi^{21} ndʐu^{55} hu^{21}	耀 日 皓 月	耀日和皓月，
tɕy^{33} tsʻɯ^{33} tɕy^{33} dzɯ^{21} tsʻo^{13}	九十九轮照	九十九轮照。
sɛ^{55} mi^{55} ɣo^{21}	知 识 有	知识丰富，
ho^{21} gu^{33} dɛ^{21}	见 闻 溢	见闻广博，
ʂɿ^{33} dɯ^{13} tɕʻo^{13} ŋu^{33} dzɯ^{21}	先出象五对	出现五对影，

zɿ^{33} bu^{33} hɿ^{21} ʑɯ^{33} dɯ^{13}	哎哺氏也出	哎哺氏出现，
nu^{33} ɣɯ^{33} mi^{33} mi^{13} tsʻɿ^{13}	诺讴天地代	《诺讴》天地经，
tʻy^{21} no^{33} tʻy^{21} lo^{13} lɯ^{55}	其乃此是了	就是这样的。

zɿ^{33} mi^{55} hɿ^{21} ɳɿ^{33} tʻɯ^{55}	哎咪恒乃一	一代哎咪恒，
mi^{55} hɿ^{21} zɿ^{33} la^{13} ɳɿ^{55}	咪恒颖拉二	二代咪恒颖拉，
zɿ^{33} la^{13} mu^{33} sɛ^{55} sɯ^{33}	颖拉慕腮三	三代颖拉慕腮，
mu^{33} sɛ^{55} dʑy^{33} ʑɯ^{33} ɬi^{33}	慕腮举迤四	四代慕腮举迤，
dʑy^{33} ʑɯ^{33} ʑy^{21} mi^{55} ŋu^{33}	举迤余咪五	五代举迤余咪，
ʑy^{21} mi^{55} a^{21} vu^{33} tɕʻo^{13}	咪阿武乃六	六代咪阿武，
a^{21} vu^{33} ɣo^{13} ɳɿ^{33} ɕi^{55}	阿武卧乃七	七代阿武卧，
ɣo^{13} ndzu^{21} dzo^{33} ɳɿ^{33} hɿ^{13}	卧佐枣乃八	八代卧佐枣，

ndzu^{21} dzo^{33} a^{21} mu^{33} tɕy^{33}　　佐枣阿摩九　　九代佐枣阿摩，

a^{21} mu^{33} ʑɪ^{33} bu^{33} tsʻɯ^{21}　　阿摩哎哺十　　十代阿摩哎哺，

ʑɪ^{33} bu^{33} tsʻɯ^{21} tsʻɿ^{13} ʑy^{21}　　哎哺十代传　　哎哺传十代。

ʑɪ^{33} bu^{33} lɯ^{55} hɪ^{21} hɛ^{33}　　哎哺女根好　　哎哺好女根，

lɯ^{55} sɿ^{55} ʑɪ^{33} lo^{33} kʻɯ^{33}　　娄师颖与到　　传到娄师颖[7]。

ndzʅ^{55} dzi^{21} ndzʅ^{55} hu^{21} tsʻo^{13}　　耀日皓月照　　耀日皓月照，

ɣo^{13} pʻu^{21} ɣo^{13} ndzu^{33} nɯ^{21}　　丽地明君住　　明君住丽地，

ɣo^{13} dzɛ^{21} ve^{33} pʻo^{21} pʻo^{21}　　丽树花繁繁　　丽树花盛开。

gɯ^{55} ʈʻu^{13} ɖɪ^{13} ʈo^{55} ʈo^{21}　　鹤白鸣脆脆　　白鹤鸣声脆，

sɛ^{55} mi^{55} gɯ^{55} ʈʻu^{13} ʈu^{33}　　知识鹤白传　　白鹤传知识，

sɛ^{55} dʑɪ^{21} gɯ^{55} lo^{13} lɯ^{55}　　知生鹤是了　　发展了知识。

ɣo^{13} xɯ^{21} tʻɯ^{33} ȵy^{21} ȵy^{21}　　碧海亮清清　　如大海碧澈，

ɣo^{13} n̥y^{21} ho^{21} dɯ^{33} dɯ^{33}　　鹃青见远远　　青鹃望得远，

ho^{21} gu^{21} ɣo^{13} n̥y^{21} ʐɯ^{33}　　见闻鹃青诵　　青鹃诵见闻。

ɣo^{13} su^{13} tʻa^{21} ʐo^{21} dɿ^{13}　　贤人一个出　　出了个贤人，

ne^{33} ʐɯ^{33} sɛ^{55} mi^{55} ndy^{55}　　心也知识想　　心里想知识，

kʻɯ^{33} ʐɯ^{33} sɛ^{55} mi^{55} mba^{33}　　口也知识讲　　口里讲知识，

la^{13} ʐɯ^{33} sɛ^{55} mi^{55} go^{33}　　手也知识写　　手里地书写，

sɛ^{55} go^{33} la^{13} vu^{33} vu^{33}　　知写手速速　　快速写知识。

ndʐu^{55} tʻu^{33} la^{13} vu^{33} vu^{33}　　锦上手速速　　连写在锦上，

ndʐu^{55} tʻu^{33} ʐɪ^{55} dzɛ^{21} dzɛ^{21}　　锦上花朗朗　　锦上花朗朗，

su^{33} ʂɛ^{13} mɛ^{33} le^{33} dʑi^{21}　　字金锦卷日　　书卷泛金光，

ɣo^{21} sɿ^{55} ʐɪ^{33} mu^{33} dʐa^{33}　　卧师颖的样　　卧师颖样做。

ʐɪ^{33} bu^{33} n̥ɪ^{55} hɪ^{21} hɛ^{33}　　哎哺两根好　　哎哺两好根，

ʑɪ^{33} bu^{33} hɪ^{21} ʑɯ^{33} dɯ^{13}　　哎哺氏也出　　出自哎哺氏。

tʻo^{21} ʂɿ^{33} ndo^{21} ʑɯ^{33} ȵɪ^{33}　　底盖宫也坐　　坐地宫里的，

hɪ^{21} sɿ^{55} ʑɪ^{33} ʑɯ^{33} ko^{13}　　恒师颖也管　　恒师颖来管，

tʻy^{21} no^{33} tʻy^{21} lo^{13} ɬu^{55}　　其乃此是了　　就是这样的。

ʑɪ^{33} hy^{13} ha^{33} ȵɪ^{33} tʻɯ^{55}　　哎哼哈乃一　　一代哎哼哈，

hy^{13} ha^{33} ndʑo^{55} ȵɪ^{33} ȵɪ^{55}　　哼哈赳乃二　　二代哼哈赳，

ndʑo^{55} ga^{13} ku^{33} ȵɪ^{33} sɯ^{33}　　赳嘎古乃三　　三代赳嘎古，

ku^{33} ndʑo^{55} hɪ^{21} ȵɪ^{33} ɬi^{33}　　古赳恒乃四　　四代古赳恒，

ndʑo^{55} hɪ^{21} ȵɪ^{55} na^{33} ŋu^{33}　　赳恒妞纳五　　五代赳恒妞纳，

ȵɪ^{55} na^{33} ʈo^{21} lu^{33} tɕʻo^{13}　　妞纳朵鲁乃六　　六代妞纳朵鲁，

ʈo^{21} lu^{33} a^{21} ndʑo^{33} ɕi^{55}　　朵鲁阿觉乃七　　七代朵鲁阿觉，

a^{21} ndʑo^{33} ȵɪ^{55} tʻɯ^{21} hɪ^{13} 阿觉妞投乃八 八代阿觉妞投，

ȵɪ^{55} tɯ^{21} sɿ^{55} ʑɪ^{33} tɕy^{33} 妞投师颖九 九代妞投师颖，

sɿ^{55} ʑɪ^{33} a^{33} ʑi^{55} tsʻɯ^{21} 师颖阿依十 十代师颖阿依，

ʑɪ^{33} bu^{33} tsʻɯ^{21} tsʻɪ^{13} ʑy^{21} 哎哺十代传 哎哺传十代。

ʑɪ^{33} bu^{33} ndo^{33} ʑɯ^{33} so^{21} 哎哺宫也华 哎哺华宫里，

ɣo^{13} mi^{33} ɣo^{13} dʑi^{21} tsʻo^{13} 丽天耀日晴 高天出太阳，

ɣo^{13} pʻu^{21} tʻɯ^{33} lɯ^{21} lɯ^{21} 丽地明朗朗 大地见光明，

ɣo^{13} mi^{13} ɣo^{13} hu^{21} bu^{21} 丽地皓月照 皓月照大地，

ɣo^{13} tʻu^{33} sɛ^{55} mi^{55} tsɪ^{13} 丽乾知识集 集天文知识，

sɛ^{55} mi^{55} tʻa^{21} zɯ^{33} zɯ^{33} 知出一闪闪 知识光闪闪。

ho^{21} gu^{21} tʻa^{21} mo^{21} mo^{21} 见章一类类 一种种见闻，

ɣo^{13} su^{13} ɖɪ^{13} ʈo^{55} ʈo^{21} 贤人语嘹嘹 贤人声洪亮。

ne^{33} ʐɯ^{33} sɛ^{55} mi^{55} ndy^{55}　心也知识想　心里想知识，

kʻɯ^{33} ʐɯ^{33} sɛ^{55} mi^{55} mba^{33}　口也知识讲　口里讲知识，

la^{13} ʐɯ^{33} sɛ^{55} mi^{55} go^{33}　手也知识写　手里写知识，

sɛ^{55} go^{33} la^{13} vu^{33} vu^{33}　知写手速速　快速地书写。

ɣo^{13} tʻu^{33} ʐi^{55} dzɛ^{21} dzɛ^{21}　丽乾花朗朗　天上繁星多，

pu^{13} po^{55} sɛ^{55} ndy^{55} dzɪ^{13}　布僰知想密　布僰在探索，

zɪ^{33} dɯ^{13} hɪ^{21} ɣa^{33} ndy^{55}　哎哺根也探　探索哎哺源，

tʻy^{21} no^{33} tʻy^{21} lo^{13} lɯ^{55}　其乃此是了　就是这样的。

ndzɯ^{21} mi^{55} mu^{33} ɲɪ^{33} tʻɯ^{55}　则咪摩乃一　一代则咪摩，

mu^{33} la^{13} lɯ^{21} ɲɪ^{33} ɲɪ^{55}　摩拉娄乃二　二代摩拉娄，

la^{13} lɯ^{21} ndy^{55} ɲɪ^{33} sɯ^{33}　拉娄氏乃三　三代拉娄氏，

ndy^{55} xɯ^{21} tɕʻu^{33} ȵɹ^{33} ɬi^{13}	氏侯曲乃四	四代氏侯曲，
xɯ^{21} tɕʻu^{33} tʻu^{33} mu^{33} ŋu^{33}	侯曲妥姆五	五代侯曲妥姆，
tʻu^{33} mu^{33} na^{33} ʈʻu^{13} tɕʻo^{13}	妥姆纳吐六	六代妥姆纳吐，
na^{33} ʈʻu^{13} ɣɯ^{21} ȵɹ^{33} ɕi^{55}	纳吐额乃七	七代纳吐额，
ɣɯ^{21} ȵɹ^{33} a^{33} zɛ^{55} hɪ^{13}	额尼阿惹八	八代额尼阿惹，
a^{33} zɛ^{55} lu^{33} bi^{21} tɕy^{33}	阿惹鲁毕九	九代阿惹鲁毕，
lu^{33} bi^{21} sɿ^{55} ʑɪ^{33} tsʻɯ^{21}	鲁毕师颖十	十代鲁毕师颖。
ʑɪ^{33} bu^{33} tsʻɯ^{21} tsʻi^{13} ʑy^{21}	哎喃十代传	哎哺传十代，
sɿ^{55} ʑɪ^{33} ɣɯ^{21} lo^{33} kʻɯ^{33}	师颖呀了到	到了毕师颖。
sɿ^{55} ʑɪ^{33} ȵɹ^{55} hɪ^{21} hɛ^{33}	师颖二根好	师颖两好根，
ɣɪ^{33} bu^{33} hɪ^{21} ʑɯ^{33} dɯ^{13}	哎哺源于出	源出于哎哺。
tʻu^{33} tʻi^{55} ʑɪ^{33} ʑɯ^{33} zɯ^{33}	天空哎也在	哎飘在上空，

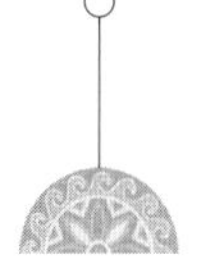

t‘o^{21} ʂʅ^{33} bu^{21} ʐɯ^{33} nɪ^{33}	底盖哺也坐	哺住在地上。
t‘o^{21} ʂʅ^{33} t‘a^{21} ndo^{33} so^{21}	底盖一宫华	地上华宫里，
ɣo^{13} mi^{33} ɣo^{13} dʑi^{21} ts‘o^{13}	丽天耀日晴	苍天耀日晴，
ɣo^{13} dʑi^{21} ts‘o^{13} ɖu^{33} ɖu^{33}	耀日晴朗朗	耀日晴朗朗，
t‘u^{33} tsɪ^{13} sɛ^{55} ʐɯ^{33} zɯ^{33}	乾论知也掌	掌握天文知识。
ndʐu^{55} dʑi^{21} ɣo^{13} hu^{21} bu^{21}	耀日皓月照	耀日皓月照，
ndʐu^{55} hu^{21} bu^{21} lɯ^{33} lɯ^{33}	皓月明朗朗	皓月明朗朗，
t‘i^{55} ka^{13} hu^{21} p‘i^{21} t‘ɯ^{55}	坤辨见章布	展示地上见识。
ɣo^{13} ndzu^{33} ɣo^{13} mu^{33} ve^{13}	贤君华的穿	贤君穿华服，
ɣo^{13} mu^{55} ɣo^{13} lɯ^{55} ndɯ^{33}	贤臣丽的围	贤臣系丽裙。
ɣo^{13} su^{13} t‘a^{21} ʑi^{55} ɖɪ^{13}	贤人一些出	出一些贤人，
ne^{33} ʐɯ^{33} sɛ^{55} mi^{55} ndy^{55}	心也知识想	心里想知识，

kʻɯ^{33} ʐɯ^{33} sɛ^{55} mi^{55} mba^{33}	口也知识讲	口里讲知识，
la^{13} ʐɯ^{33} sɛ^{55} mi^{55} go^{33}	手里知识写	手里写知识，
sɛ^{55} go^{33} la^{13} vu^{33} vu^{33}	知写手速速	快速地书写。
su^{33} ţʻu^{13} tʻy^{21} lɪ^{21} go^{33}	书文其来写	写书文的人，
ɬi^{33} dzɯ^{21} hɪ^{13} sɛ^{33} ʐɪ^{13}	四对八贤人	是四对贤人，
dɯ^{13} ȵɪ^{33} tʻy^{21} ʐɯ^{33} dʐa^{33}	出乃此也如	如此出现的。
tʻy^{21} no^{33} tʻy^{21} lo^{13} lɯ^{55}	其乃此是了	就是这样的。

ndzɯ^{21} mi^{55} mu^{21} ȵɪ^{33} tʻɯ^{55}	则咪慕乃一	一代则咪慕，
mi^{55} mu^{21} a^{21} pʻu^{21} ȵɪ^{55}	咪慕阿濮乃二	二代咪慕阿濮，
a^{21} pʻu^{21} sɛ^{21} ȵɪ^{33} sɯ^{33}	阿濮色乃三	三代阿濮色，
sɛ^{21} ɣa^{33} lo^{33} ȵɪ^{33} ɬi^{33}	色雅洛乃四	四代色雅洛，

lo^{33} ɣa^{33} ȵɪ^{55} ȵɪ^{33} ŋu^{33}	洛雅尼乃五	五代洛雅尼，
ȵɪ^{55} dɯ^{13} p‘i^{33} ȵɪ^{33} tɕ‘o^{13}	尼斗丕乃六	六代尼斗丕，
p‘i^{33} a^{21} lu^{33} ȵɪ^{33} ɕi^{55}	丕阿鲁乃七	七代丕阿鲁
lu^{33} a^{21} mɛ^{33} ȵɪ^{33} hɪ^{13}	鲁阿默乃八	八代鲁阿默，
a^{33} mɛ^{21} xɯ^{21} tsɪ^{13} tɕy^{33}	阿默侯载九	九代阿默侯载，
xɯ^{21} tsɪ^{13} a^{33} mo^{21} ts‘ɯ^{21}	侯载阿莫十	十代侯载阿莫。
ʑɪ^{33} bu^{33} ts‘ɯ^{21} ts‘ɪ^{13} ʑy^{21}	哎哺十代传	哎哺传十代，
a^{21} mo^{21} hu^{21} lo^{33} k‘ɯ^{33}	阿莫宏于至	到了阿莫宏。
a^{21} mo^{21} ȵɪ^{55} mɛ^{13} hɛ^{33}	阿莫两名好	阿莫两贤名⑧，
ʑɪ^{33} bu^{33} hɪ^{21} ɣa^{33} dɯ^{13}	哎哺氏也出	出自哎哺氏。
mu^{21} tɕ‘o^{21} ʑɪ^{33} ɣa^{33} ndʑo^{33}	形象影也过	经营着形象，
t‘o^{21} ʂʅ^{33} ndo^{21} ʑɯ^{33} ȵɪ^{33}	地面宫也坐	住在地宫里，

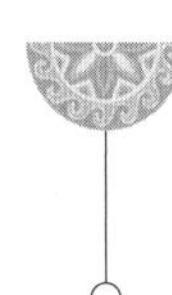

ɣo^{13} mi^{33} ɣo^{13} dʑi^{21} ts‘o^{13}	高天耀日晴	高天耀日晴，
ɣo^{13} la^{33} ɣo^{13} mi^{55} tsɪ^{13}	丽手丽文集	收集着天文，
ɣo^{13} mi^{55} ɣo^{13} k‘ɛ^{55} ka^{13}	丽文丽上分	又分析天文。
ɣo^{13} su^{13} ɖɪ^{13} ʈo^{55} ʈo^{21}	贤人诵朗朗	贤人诵朗朗，
ne^{33} ʑɯ^{33} sɛ^{55} mi^{55} ndy^{55}	心也知识想	心里想知识，
k‘ɯ^{33} ʑɯ^{33} sɛ^{55} mi^{55} mba^{33}	口也知识讲	口里讲知识，
la^{13} ʑɯ^{33} sɛ^{55} mi^{55} go^{33}	手也知识写	手里写知识，
sɛ^{55} go^{33} ʑi^{55} dzɛ^{21} dzɛ^{21}	知写光灿灿	写华丽篇章。
ts‘ɯ^{21} dzɯ^{21} ts‘ɯ^{21} ɣa^{33} mo^{21}	十对十雅莫	雅莫的十代，
t‘y^{21} no^{33} t‘y^{21} lo^{13} lɯ^{55}	其乃此是了	就是这样的。

ʑɪ^{33} bu^{33} ɲy^{21} ɳɪ^{33} t‘ɯ^{55}	哎哺尼乃一	一代哎哺尼，

ȵy21 ɣa33 ʂu21 ȵɪ33 ȵɪ55	尼雅勺乃二	二代尼雅勺，
ʂu21 ɣa33 dɯ13 ȵɪ33 sɯ33	勺雅斗乃三	三代勺雅斗，
dɯ13 ʂu21 ʑy21 ȵɪ33 ɬi33	斗勺余乃四	四代斗勺余，
ʂu21 ʑy21 ndʑo33 ȵɪ33 ŋu33	斗勺余觉五	五代勺余觉，
ʑy21 ndʑo33 tʻe13 ȵɪ33 tɕʻo13	余觉吞乃六	六代余觉吞，
tʻe13 ŋgu21 a21 lo33 ɕi55	吞贡阿洛七	七代吞贡阿洛，
a21 lo33 hy13 ha33 hɪ13	阿洛哼哈八	八代阿洛哼哈，
hy13 ha33 tʂa33 mɛ33 tɕy33	哼哈扎默九	九代哼哈扎默，
tʂa33 mɛ33 a21 mo21 tsʻɯ21	扎默阿莫十	十代扎默阿莫。
ʑɪ33 bu33 tsʻɯ21 tsʻɪ13 ʑy21	哎哺十代传	哎哺传十代，
ndzɯ21 mi55 ȵɪ55 a21 mo21	则咪两阿莫	则咪两阿莫，
ȵɪ55 a21 mo21 lo33 kʻɯ33	两阿莫了到	两阿莫时代。

a^{21} mo^{21} ɳɪ^{55} mɛ^{13} hɛ^{33}	阿莫两名好	阿莫两贤名，
ʑɪ^{33} bu^{33} hɪ^{21} ɣa^{33} dɯ^{13}	哎哺源也出	居哎哺族中，
a^{21} mo^{21} ɳɪ^{55} mɛ^{13} hɛ^{33}	阿莫两名好	阿莫两贤名，
ʑɪ^{33} bu^{33} hɪ^{21} ɣa^{33} dʐo^{33}	哎哺源也在	出自哎哺氏。
ndzɯ^{21} mi^{55} mu^{21} ʑɯ^{33} ndʑy^{13}	则咪高也上	则咪举止高，
t'o^{21} ndo^{33} so^{21} ʑɯ^{33} ɳɪ^{33}	地宫华也坐	住在地宫中，
t'o^{21} ʂɿ^{33} t'a^{21} ndo^{33} so^{21}	底面一宫华	地上一华宫。
ɣo^{13} mi^{33} ɣo^{13} mi^{13} tɕo^{55}	华天丽地间	华丽天地间，
ɣo^{13} lɯ^{55} ɣo^{13} mɛ^{33} ɣa^{13}	娇女丽锦织	娇女织锦帛，
ɣo^{13} ɬa^{13} ɣo^{13} ŋɛ^{21} dɛ^{33}	健男丽铜冶	健男冶青铜。
ɣo^{13} p'u^{55} ɣo^{13} mi^{55} tsɪ^{13}	丽父丽文备	贤父汇集知识，
ɣo^{13} mo^{21} ɣo^{13} gu^{33} ka^{13}	丽母丽史论	良母论述历史，

tʻu33 tʻi55 hɪ21 ɣo13 su55　上下乾丽完　秩序很完美。

ɣo13 su13 tʻa21 ʑo21 ɖɪ13　贤人一位出　出一位贤人，

ne33 ʐɯ33 sɛ55 mi55 ndy55　心 知 识 想　心里想知识，

kʻɯ33 ʐɯ33 sɛ55 mi55 mba33　口 知 识 讲　口里讲知识，

ɬu13 ʐɯ33 sɛ55 mi55 ɖɪ13　舌 知 识 吐　舌头吐知识。

ndzɯ21 mi55 ɣa33 sɛ55 ho21　文 化 智 慧　文化和智慧，

ʑɪ33 bu33 hɪ21 ʐɯ33 dɯ13　哎哺源于出　源出于哎哺，

tʻy21 no33 tʻy21 lo13 lɯ55　其乃此是了　就是这样的。

ʑɪ33 dɯ13 ʈʻu13 ɳɪ33 tʻɯ55　哎斗妥乃一　一代哎斗妥，

ʈʻu13 a33 gu21 ɳɪ33 ɳɪ55　妥阿谷乃二　二代妥阿谷，

gu21 ʐɯ33 dʐɯ33 dzɯ55 sɯ33　谷颖祝邹三　三代谷颖祝邹，

dʐu^{33} dzuɪ^{55} k‘ɯ^{33} ʑɯ^{33} ɬi^{33}	祝邹克耶四	四代祝邹克耶，
k‘ɯ^{33} ʑɯ^{33} na^{33} mu^{33} ŋu^{33}	克耶纳幕五	五代克耶纳慕，
na^{33} mu^{33} k‘ɯ^{33} ŋu^{33} tɕ‘o^{13}	纳慕叩俄六	六代纳慕叩俄，
k‘ɯ^{33} ŋu^{33} ʈ‘o^{21} ʑɯ^{33} ɕi^{55}	叩俄陀乃七	七代叩俄陀，
ʈ‘o^{21} ȵy^{21} tɕ‘i^{33} ȵɪ^{33} hɪ^{13}	驼尼启乃八	八代驼尼启，
tɕ‘i^{33} lɪ^{21} zu^{33} ȵɪ^{33} tɕy^{33}	启列孺乃九	九代启列孺，
zu^{33} a^{33} tʂ‘ɯ^{21} ȵɪ^{33} ts‘ɯ^{21}	孺阿仇乃十	十代孺阿仇。
ʑɪ^{33} bu^{33} ts‘ɯ^{21} ts‘ɪ^{13} ʑy^{21}	哎哺十代传	哎哺传十代，
tʂ‘ɯ^{21} lɯ^{21} a^{21} mu^{55} k‘ɯ^{33}	仇娄阿摩到	到仇娄阿摩[9]，
mi^{55} dʑy^{33} k‘ɯ^{33}	文 高 上	获得天文知识，
gu^{33} hɪ^{13} tso^{21} ʑɯ^{33} lɪ^{33}	史八荒也来	获得地理知识。
a^{21} mu^{55} ȵɪ^{55} mɛ^{13} hɛ^{33}	阿莫两名好	阿莫两贤名，

ʑɿ^{33} bu^{33} hɿ^{21} ʑɯ^{33} dɯ^{13}	哎哺氏于出	出自哎哺氏。
t'o^{21} ʂɿ^{21} gu^{21} ʑɯ^{33} ȵɿ^{33}	底面中也坐	住大地中央，
t'o^{21} ʂɿ^{33} t'a^{21} ndo^{33} so^{21}	底面一宫华	地上一华宫。
sɛ^{55} sɛ^{21} ho^{21} sɛ^{21} ɖɿ^{13}	知神见神语	智慧神开口[10]，
sɛ^{55} mi^{55} tu^{13} lɯ^{55} lɯ^{33}	知文千计计	知识以千计，
tɕɿ^{13} dzɿ^{13} lɿ^{21} lɯ^{33} sɯ^{55}	星密了的象	如密布的星，
a^{21} mu^{55} hɿ^{21} mu^{33} dʐa^{33}	阿摩体的在	成阿摩体系。
ʑɿ^{33} tsu^{55} mu^{33} ȵɿ^{33} t'ɯ^{55}	哎租慕乃一	一代哎租慕，
tsu^{55} mu^{33} ʑɿ^{33} ȵɿ^{33} ȵɿ^{55}	租慕颖乃二	二代租慕颖，
ʑɿ^{33} vi^{21} hɿ^{21} ȵɿ^{33} sɯ^{33}	颖余恒乃三	三代颖余恒，
vi^{21} hɿ^{21} ɣɯ^{21} ȵɿ^{33} ɬi^{33}	余恒俄乃四	四代余恒俄，
ɣɯ^{21} ɣa^{33} dʐo^{21} ȵɿ^{33} ŋu^{33}	俄雅卓乃五	五代俄雅卓，

dʑo^{21} ɣa^{33} tsɛ^{13} ɳɪ^{33} tɕʻo^{13}　　卓雅采乃六　　六代卓雅采，

tsʻɛ^{13} a^{33} tsu^{55} ɳɪ^{33} ɕi^{55}　　采阿租乃七　　七代采阿租，

tsu^{55} a^{33} kʻu^{33} ɳɪ^{33} hɪ^{13}　　租阿苦乃八　　八代租阿苦，

kʻu^{33} a^{33} hɪ^{21} ɳɪ^{33} tɕy^{33}　　苦阿恒乃九　　九代苦阿恒，

hɪ^{21} sɛ^{55} a^{21} mo^{21} tsʻɯ^{21}　　恒腮阿嫫十　　十代恒腮阿嫫。

ʑɪ^{33} bu^{33} tsʻɯ^{21} tsʻɪ^{13} ʑy^{21}　　哎哺十代传　　哎哺传十代，

ɳɪ^{55} a^{21} mo^{21} ʑɯ^{33} kʻɯ^{33}　　能阿嫫了到　　到了能阿嫫。

pʻi^{21} kʻu^{33} mu^{33}　　丕 苦 姆　　丕苦姆，

li^{21} hu^{21} ʑɛ^{33} lɪ^{21} sɿ^{21}　　立洪耶来抚　　立洪耶来抚养。

lɯ^{33} lɯ^{33} ɳɪ^{55} a^{33} mo^{21}　　全全二阿嫫　　全由两阿嫫，

ʑɪ^{33} bu^{33} hɪ^{21} ʑɯ^{33} ndʑo^{33}　　哎哺氏也过　　掌管哎哺氏，

tʻo^{21} ʂɿ^{33} ndo^{21} ʑɯ^{33} ɳɪ^{33}　　地面宫也在　　住在地上宫。

tʻo^{21} ʂʅ^{33} tʻa^{21} ndo^{33} so^{21}　地面一宫华　地上一华宫，

ɣo^{13} tʻu^{33} ɣo^{13} tʻi^{55} tsɪ^{13}　华上美下定　品评华美天地，

ɣo^{13} dzɛ^{21} ɣo^{13} hɛ^{33} ka^{13}　美本丽好分　分出美好根本。

ɣo^{13} tʻu^{33} ɳɪ^{33} tsɪ^{13} tsɪ^{13}　丽上乃密密　蓝天很密实，

ɣo^{13} tʻi^{55} no^{33} ɳy^{21} ɳy^{21}　丽下乃青青　大地万象新，

ɣo^{13} su^{13} tʻa^{21} ʑo^{21} ɳɪ^{21}　贤人一位在　有一位贤人。

ɣo^{13} su^{13} tʻa^{21} ʑo^{21} dɪ^{13}　贤人一位语　这位贤人语，

ne^{33} ʑɯ^{33} sɛ^{55} mi^{55} ndy^{55}　心也知识想　心里想知识，

kʻɯ^{33} ʑɯ^{33} sɛ^{55} mi^{55} mba^{33}　口也知识讲　口里讲知识。

ɣo^{13} tʻu^{33} ʑi^{55} dzɛ^{21} dzɛ^{21}　丽上花灿灿　天上繁星闪，

sɛ^{55} mi^{55} sɯ^{33} ʑɯ^{33} bu^{21}　知识似也开　知识促进步，

sʅ^{55} ʑɪ^{33} xɯ^{21} mɛ^{33} mbu^{55}　神颖海尾覆　智慧像大海，

tʻy^{21} no^{33} tʻy^{21} lo^{13} lɯ^{55}	说乃其是了	说的是这样。
ʑɪ^{33} ʂu^{55} lɯ^{21} ȵɪ^{33} tʻɯ^{55}	哎舒娄乃一	一代哎舒娄，
ʂu^{55} lɯ^{21} tsu^{55} ȵɪ^{33} ȵɪ^{55}	舒娄租乃二	二代舒娄租，
tsu^{55} nu^{33} gu^{55} ȵɪ^{33} sɯ^{33}	租努固乃三	三代租努固，
nu^{33} gu^{55} dzu^{21} ȵɪ^{33} ɬi^{33}	努固足乃四	四代努固足，
dzu^{21} tsɪ^{13} du^{33} ȵɪ^{33} ŋu^{33}	足载度乃五	五代足载度，
tsɪ^{13} du^{33} a^{21} mɛ^{13} tɕʻo^{13}	载度阿默六	六代载度阿默，
a^{21} mɛ^{13} nɯ^{21} ȵɪ^{33} ɕi^{55}	阿默能乃七	七代阿默能，
mɛ^{13} nɯ^{21} a^{33} du^{33} hɪ^{13}	默能阿都八	八代默能阿都，
a^{33} du^{33} ȵy^{33} lo^{33} tɕy^{33}	阿都女洛九	九代阿都女洛，
ȵy^{33} lo^{33} a^{21} mo^{21} tsʻɯ^{21}	女洛阿莫十	十代女洛阿莫。

ʑɿ33 bu33 tsʻɯ21 tsʻɿ13 ʑy21	哎哺十代传	哎哺传十代，
ȵy33 lo33 a33 mo21 kʻɯ33	女洛阿莫到	到女洛阿莫。
vu33 sɛ55 dzɿ13	武　奢　哲	武奢哲，
xɯ21 mo21 ɣɯ21 lɿ21 ʂʅ33	侯莫额来袭	侯莫额承袭。
vu33 xɯ21 ȵɪ55 a33 mo21	武侯两友母	武侯两族人，
ʑɿ33 bu33 hɪ21 ʑɯ33 dɯ13	哎哺氏也出	出自哎哺氏。
tʻo21 ʂʅ33 ndo21 ʑɯ33 ȵɪ33	地面宫也坐	在大地宫里，
ɣo13 su13 tʻa21 xɯ33 dzu21	贤人一族住	住一族贤人，
ɣo13 ʔu33 ɣo13 ʈʻu55 dɪ13	美头丽容带	有美丽容颜，
ɣo13 dʑy21 ɣo13 sɯ33 dzo33	矫体慧心生	长矫体慧心，
ɣo13 na33 ɣo13 ɬu13 dɪ13	慧眼灵舌生	生慧眼灵舌，
ɣo13 su13 ɖɪ13 ʈo55 ʈo21	贤人语朗朗	贤人语朗朗。

sɛ^{55} mi^{55} ɣo^{13} lu^{33} dzɛ^{21}　　知识丽林本　　知识很丰富，

mba^{33} no^{33} ʂɛ^{13} tʂu^{21} ɖɿ^{13}　　说乃金钟鸣　　说话像钟鸣，

su^{33} ʑy^{21} tɛ^{13} tɕɿ^{13} dzɿ^{13}　　书读云星密　　书声惊星云，

go^{33} ʑɯ^{33} ɣo ʑi^{33} sɯ^{55}　　写也碧水似　　写字如流水。

dɯ^{13} ʑɯ^{33} tɕɿ^{13} bi^{21} zy^{55}　　出也星始齐　　如星斗出齐，

vu^{33} xɯ^{21} dɯ^{13} ʑɯ^{33} hɿ^{21}　　武侯出也现　　武侯出现了，

ɣo^{21} tʻo^{21} tɕy^{33} ɣo^{21} ʂɿ^{33}　　丽底九方先　　大地有九方，

tɕy^{33} ʂɿ^{33} tɕy^{33} ɣo^{21} ndo^{33}　　九方九处宫　　九方的九宫，

ɣo^{13} su^{13} tɕy^{33} ʑo^{33} ȵɿ^{21}　　贤人九位坐　　坐九位贤人，

dʑi^{21} hu^{21} tɕy^{33} dzɯ^{21} tsʻo^{13}　　日月九轮照　　九轮日月照。

tʻu^{33} ʑi^{33} tɕy^{33} tu^{13} hɿ^{21}　　梼易九亿万　　亿万梼易上，

su^{33} ʈʻu^{13} tɕɿ^{13} dzɿ^{13} lɿ^{33}　　文字星布来　　文字若星布，

sɛ^{55} mi^{55} tɕy^{33} gu^{21} ɖɛ^{21}	知识九方遍	知识遍九方，
ho^{21} gu^{33} tɕy^{33} ndo^{33} so^{21}	见识九宫雅	见识有九宫，
nu^{33} ɣɯ^{33} mi^{33} mi^{13} tsʻɿ^{13}	诺讴天地代	《诺讴》天地经，
tʻy^{21} no^{33} tʻy^{21} lo^{13} lɯ^{55}	其乃此是了	就是这样的。

tʻu^{33} lu^{33} vɛ^{21} la^{13} dɯ^{13}	宇宙横上出	宇宙的上空，
nɯ^{13} ȵy^{21} tʻa^{21} ʑi^{55} dzɯ^{21}	雾青一番聚	聚着一片雾，
nu^{33} ɣa^{33} ndʑy^{13} ʑɯ^{33} ʑo^{33}	霭红上也生	雾霭布上空。
tʻu^{33} lu^{33} tɕy^{33} ʈu^{55} tsu^{55}	宇宙九方布	布宇宙九方，
tʻa^{21} dʑo^{21} tʻa^{21} ʑi^{55} ʑo^{33}	一方一番生	笼罩着各方，
nɯ^{13} nu^{33} tʻy^{21} ʑɯ^{33} ha^{33}	雾霭它也涌	雾霭往上涌，
tʻu^{33} lu^{33} ʻty^{21} ʑɯ^{33} nɯ^{55}	宇宙自也萌	宇宙自然长，

tʻu^{33} lu^{33} hɪ^{13} hu^{21} tsɪ^{13}　　宇宙八百段　　宇宙八百段，

tʻa^{21} tsɪ^{13} tʻa^{21} ʑi^{55} dɯ^{13}　　一段一次生　　一次生一段。

tʻu^{33} lu^{33} dɯ^{13} ʑɯ^{33} ko^{33}　　宇宙出也中　　宇宙的中间，

ndʐu^{55} su^{13} ɣo^{13} su^{13} dzu^{21}　　丽人贤人住　　居住着贤人，

ndʐu^{55} xɯ^{21} ɣo^{13} xɯ^{21} ha^{33}　　碧海青海涨　　碧海青海涨，

ɣo^{13} dʑi^{21} ndʐu^{55} hu^{21} tsʻo^{13}　　耀日皓月晴　　耀日皓月出，

ɣo^{13} tʻu^{55} ɣo^{13} tʻi^{55} ndʐo^{33}　　华乾丽坤行　　运行乾坤间。

ɣo^{13} mi^{33} tɕy^{33} tsʻɯ^{33} tɪ^{21}　　苍天九十层　　苍天九十层，

tɕy^{33} tsʻɯ^{33} tɕy^{33} hu^{21} tɪ^{33}　　九十九百层　　九十又九百，

tɕy^{33} hu^{21} tɪ^{33} ɣɯ^{33} ɬo^{13}　　成的者在焉　　如此地形成。

tɕy^{33} hɪ^{21} ɣo^{21} dʑi^{21} tsʻo^{13}　　九霄耀日照　　耀日照九霄，

ɣo^{13} dʑi^{21} pʻo^{21} pʻo^{21} bu^{33}　　耀日闪闪明　　耀日亮闪闪，

yo^{13} mi^{33} ʑo^{21} ʑo^{33} t‘e^{13}	华天自自变	苍天自变化，
t‘u^{33} lu^{33} ʑo^{21} ʑo^{33} dɯ^{13}	宇宙自自出	宇宙自出现。
hɪ^{21} tɕy^{33} tɪ^{21} ʑɯ^{33} lɯ^{33}	天九层也了	出现九层天，
hɪ^{21} tɕy^{33} tɪ^{21} ʑɯ^{33} t‘a^{55}	天九层以上	九层天之上，
tɕy^{33} tu^{13} tɪ^{21} dɯ^{13} lɯ^{33}	九千层出了	产生九千层。
ndzụ^{55} t‘u^{13} bu^{21} lɯ^{33} lɯ^{33}	玉白明晃晃	如明玉晃晃，
yo^{13} mi^{33} ʑo^{21} ʑo^{33} nɯ^{55}	丽天自自萌	宇宙自然出，
t‘u^{33} lu^{33} ʑo^{21} ʑo^{33} dɯ^{13}	宇宙自自出	宇宙自然生，
t‘u^{33} lu^{33} ma^{21} mu^{21} hɪ^{21}	宇宙无高天	宇宙无上天。
ʑɪ^{33} bu^{33} hɪ^{21} ʑɯ^{33} dɯ^{13}	哎哺根也生	产生哎哺根，
ʑɪ^{33} bu^{33} tɕy^{33} ts‘ɯ^{33} hɪ^{21}	哎哺九十源	哎哺九十源。
t‘u^{33} lu^{33} tɕy^{33} ndo^{33} so^{21}	宇宙九宫华	宇宙九华宫，

 dʐa^{33} lo^{13} lu^{33} ŋɯ^{33} vi^{21}	在了的是焉	样式形成了，
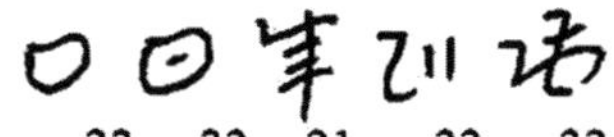 tʻu^{33} lu^{33} vɛ^{21} ʑɯ^{33} la^{33}	宇宙横以上	宇宙的上空，
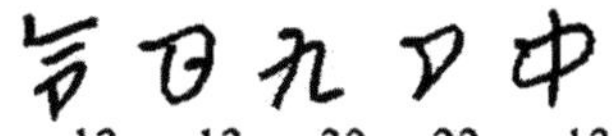 tɕɪ^{13} ʈʻu^{13} tɕy^{33} hu^{33} mo^{13}	星白九百颗	有九百明星。
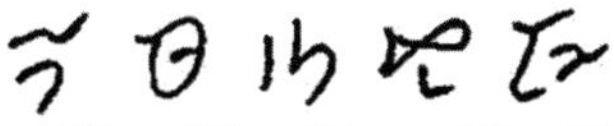 tɛ^{13} ʈʻu^{13} tʻa^{21} ndo^{33} so^{21}	云白一宫华	云上华宫里，
 ʑɪ^{33} bu^{33} tɕy^{33} tsʻɯ^{33} hɪ^{21}	哎哺九十源	哎哺九十源，
 tɕy^{33} tsʻɯ^{33} hɪ^{21} lɪ^{21} ɳɪ^{21}	九十源来坐	都出在其中，
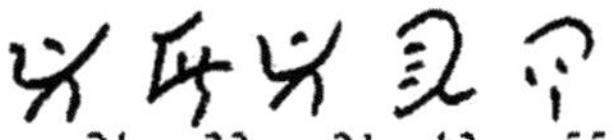 tʻy^{21} no^{33} tʻy^{21} lo^{13} lɯ^{55}	其乃此是了	就是这样的。

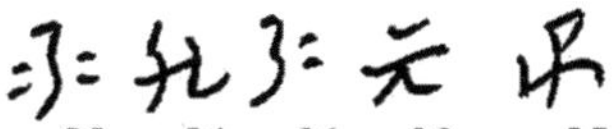 ʑɪ^{33} ɖu^{21} ɖu^{21} ɳɪ^{33} tʻɯ^{55}	哎笃笃乃一	一代哎笃笃，
 ɖu^{21} ɖu^{21} nɯ^{21} ɳɪ^{33} ɳɪ^{55}	笃笃能乃二	二代笃笃能，
 nɯ^{21} tʻɯ^{55} dʑi^{21} ɳɪ^{33} sɯ^{33}	能投吉乃三	三代能投吉，
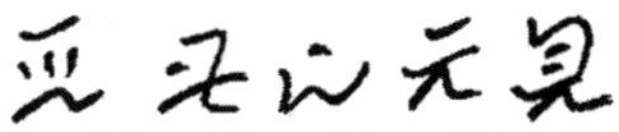 dʑi^{21} do^{33} ɣo^{21} ɳɪ^{33} ɬi^{33}	吉朵俄乃四	四代吉朵俄，

do^{33} ɣo^{21} mɛ^{33} ɲɹ^{33} ŋu^{33}	朵俄默乃五	五代朵俄默，
mɛ^{33} tʻu^{13} na^{33} ʑi^{55} tɕʻo^{13}	默通那迤六	六代默通那迤，
na^{33} ʑi^{55} a^{33} dʐɯ^{21} ɕi^{55}	那迤阿纣七	七代那迤阿纣，
a^{33} dʐɯ^{21} dʐa^{33} ɣo^{21} hɪ^{13}	阿纣扎俄八	八代阿纣扎俄，
dʐa^{33} ɣo^{21} ɣɯ^{21} fi^{13} tɕy^{33}	扎俄遏奋九	九代扎俄遏奋，
ɣɯ^{21} fi^{13} ɬo^{33} fa^{13} tsʻɯ^{21}	遏奋俦珐十	十代遏奋俦珐。
ʑɹ^{33} bu^{33} tsʻɯ^{21} tsʻɪ^{13} ʑy^{21}	哎哺十代数	哎哺传十代，
tʂʻɯ^{55} ʐɯ^{21} ʑɛ^{33}	俦 依 耶	到了俦依耶。
fa^{13} hɪ^{13} na^{55} ɣa^{33} kʻɯ^{33}	珐恒纳也到	珐恒纳时代，
tʂʻɯ^{55} fa^{13} ɲɹ^{55} hɪ^{21} hɛ^{33}	俦珐两根好	俦珐根本好[11]，
tʻu^{33} lu^{33} hɪ^{21} ɣa^{33} ndo^{33}	宇宙天也宫	宇宙作宫室，
tʻu^{33} lu^{33} vɛ^{21} la^{33}	宇 宙 横 上	在宇宙上空，

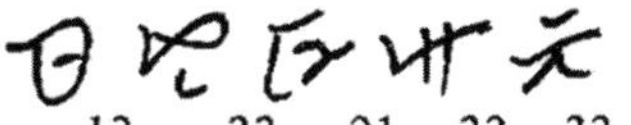 ʈʻu^{13}ndo^{33} so^{21} ɣa^{33} ɳɹ^{33}	银宫华也坐	住华丽天宫。
 tʻu^{33}lu^{33}tɕy^{33} ndo^{33}so^{21}	宇宙九宫宽	宇宙的九宫，
 ʈʻu^{13}dʑi^{21}tsʻo^{13}ɖu^{33} ɖu^{33}	银日晴融融	银日晴融融，
 ʈʻu^{13}su^{13} tɕy^{33} ʑo^{21} ɳɹ^{21}	白人九位坐	由九位天人，
 ʈʻu^{13}ʈʻu^{33} tɕy^{33} ʑi^{33}tsɪ^{13}	银上九番整	整理九次天，
 ʈʻu^{13}gɯ^{55} ɖɪ^{13}dʐɯ^{33}dʐɯ^{33}	银鹤鸣嚷嚷	响亮如鹤鸣，
 sɛ^{55} mi^{55} tsɪ^{13} ka^{13} ka^{13}	知识断条条	归类了知识。
 tʂʻɯ^{55}zu^{33}ʈʻu^{13}tɕʻu^{33}dɪ^{13}	侍人银声带	侍人带银声，
 fa^{13} zu^{33} ʂɛ^{13} ɬu^{13} dɪ^{13}	珐人金音带	珐人带金音。
 ʈʻu^{13}tɕʻu^{33}ho^{21}dɯ^{13}dɯ^{13}	银声发侃侃	银声侃侃发，
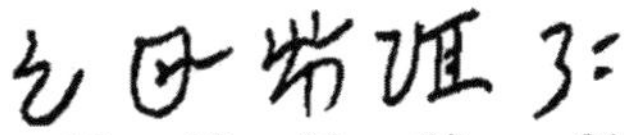 ʂɛ^{13} ɬu^{13} ɖɪ^{13} ʈo^{55} ʈo^{21}	金音吐琅琅	金音琅琅吐，
 sɛ^{55} mi^{55} tʻy^{21} lɪ^{21}tsɪ^{13}	知识他来论	他来论知识，

注音	直译	意译
ho^{21} gu^{33} ty^{21} lɪ^{21} ka^{13}	见闻他来议	他来分见闻，
tʂʻɯ^{55} zu^{33} ʈʻu^{13} dʑy^{21} dzo^{33}	侍人银身长	侍人长银身，
ʈʻu^{13} dʑy^{21} ʈʻu^{13} mbu^{33} ve^{13}	银身银衣着	银身着银衣；
fa^{13} zu^{33} ʂɛ^{13} ʈʻɯ^{55} dɪ^{13}	珐子金辨编	珐子编金辨，
ʂɛ^{13} ʈʻɯ^{55} ʂɛ^{13} lɯ^{55} ndɯ^{33}	金辨金裙着	又系着金裙。
dʑy^{21} ɣɯ^{33} ʈʻu^{13} dʑi^{21} tsʻo^{13}	身躯银日照	太阳照身躯，
tɕʻo^{13} ʐɯ^{33} ʂɛ^{13} hu^{21} bu^{21}	面也金月明	月亮映面容，
ne^{33} ʐɯ^{33} ndʐu^{55} ʑɛ^{33} ʈʻu^{13}	心也美大善	心里很灵颖，
la^{13} ʐɯ^{33} tɕɪ^{13} ʈʻu^{13} tsɪ^{13}	手也星白布	手里嵌明星，
kʻɯ^{33} ʐɯ^{33} sɛ^{55} mi^{55} tsɪ^{13}	口也知识论	口里论知识。
tʂɯ^{55} fa^{13} ʈʻu^{13} ʔu^{33} dɪ^{13}	侍珐银头长	侍珐长银头，
ʈʻu^{13} ʔu^{33} ȵy^{21} ndzu^{21} dzo^{33}	银头青髻结	银头结青髻，

ɲy^{21} ndzu^{12} tʂʻɯ^{55} mo^{21} mo^{21}	青穿俦类类	无数青俦人，
tʂʻɯ^{55} ʑɯ^{33} ɲy^{21} ɣa^{33} lɯ^{55}	俦也青也去	俦迁到天上。
fa^{13} mo^{21} ʂɛ^{13} tʻɯ^{55} dɪ^{13}	珐母金辫编	珐女编金辫，
tʂʻɯ^{55} fa^{13} gu^{21} ʑɯ^{33} kɯ^{21}	俦珐地也统	统领俦珐地。
tʂʻɯ^{55} fa^{13} ʑɪ^{33} dɯ^{13} tsʻɪ^{13}	俦珐哎生代	哎产生俦珐，
tʻu^{33} lu^{33}tʻa^{21} ndo^{33} so^{21}	宇宙一宫华	宇宙一华宫，
tʻu^{13} mi^{33} tʻu^{13} dʑi^{21} tsʻo^{21}	银天银日晴	银日照银天，
tʻu^{13} mi^{13} tʻu^{13} hu^{21} bu^{21}	银地银月明	银月映银地，
tʻu^{13} tʻu^{33} tʻu^{13} tʻi^{55} kɯ^{21}	银上银下聚	天地相聚合。
tʂʻɯ^{55} ʑɯ^{33} fa^{13} ʑɯ^{55} ʑɛ^{33}	俦也珐势赫	俦珐势显赫，
tʻu^{13} dzɛ^{21} ve^{33} pʻo^{21} pʻo^{21}	银树花芃芃	银树花盛开，
tʂʻɯ^{55} ɣa^{33} fa^{13} ɬi^{55} hɪ^{21}	俦也珐育本	养育了俦珐，

t‘u^{13} xɯ^{21} t‘y^{21} lɪ^{21} ȵɪ^{21}	银海其来坐	住在银海里，
tʂ‘ɯ^{55} fa^{13} ȵɪ^{55} hɪ^{21} hɛ^{33}	侍珐二根好	侍珐根基好，
tʂ‘ɯ^{55} ɣa^{33} fa^{13} mo^{21} mo^{21}	侍也珐茫茫	传珐人无数。
t‘u^{33} lu^{33} t‘a^{21} ndo^{33} so^{21}	宇宙一宫华	宇宙一华宫，
tʂ‘ɯ^{55} fa^{13} t‘a^{21} xɯ^{33} dzu^{21}	侍珐一族住	住侍珐一族。
tʂ‘ɯ^{55} zu^{33} t‘u^{13} mbu^{33} ve^{13}	侍子银衣穿	侍氏穿银衣，
fa^{13} zu^{33} ʂɛ^{13} lɯ^{55} ndɯ^{33}	珐子金裙系	珐人系金裙。
ne^{33} ʐuɪ^{33} sɛ^{55} mi^{55} ndy^{55}	心也知识想	心里想知识，
la^{13} ʐuɪ^{33} sɛ^{55} mi^{55} go^{33}	手也知识写	手里写知识，
sɛ^{55} go^{33} la^{13} tʂ‘u^{21} tʂ‘u^{21}	知写手飘飘	写的快如风。
t‘u^{13} t‘u^{33} ʑi^{55} lɯ^{21} lɯ^{21}	银棒易部部	各部棒易上[12]，
su^{33} ʂɛ^{13} ʑi^{55} dzɛ^{21} dzɛ^{21}	文金花朗朗，	金字花朗朗，

读音	直译	意译
sɛ^{55} mi^{55} tʻɪ^{13} le^{33} bu^{21}	知识卷册开	开知识卷册，
tʂʻɯ^{55} fa^{13} tu^{13} bi^{21} zy^{55}	俦珐千始创	俦珐创千般。
tɕy^{33} tu^{13} mi^{55} dzɪ^{13} dzɪ^{13}	九千知密密	成千的天文，
hɪ^{13} hɪ^{21} gu^{33} gu^{21} gu^{21}	八万章满满	上万的地理，
tɕɪ^{13} dzɪ^{13} lɪ^{21} lɯ^{33} sɯ^{55}	星密来的像	如繁星密布。
tʂʻɯ^{55} fa^{13} hɪ^{21} ʐɯ^{33} dɯ^{13}	俦珐根也生	俦珐生了根，
tʂʻɯ^{55} fa^{13} mi^{33} mi^{13} tsʻɪ^{13}	俦珐天地代	俦珐天地经，
tʻu^{33} lu^{33} ndo^{33} ʐɯ^{33} dʐa^{33}	宇宙宫也住	住宇宙宫中，
tʻy^{21} no^{33} tʻy^{21} lo^{13} lɯ^{55}	其乃此是了	就是这样的。

读音	直译	意译
ʐɪ^{33} mo^{21} mo^{21} ȵɪ^{33} tʻɯ^{55}	哎蒙蒙乃一	一代哎蒙蒙，
mo^{21} mo^{21} su^{55} ȵɪ^{33} ȵɪ^{55}	蒙蒙苏乃二	二代蒙蒙苏，

su^{55} ɣa^{33} ʂu^{55} ɳɪ^{33} sɯ^{33}	苏亚输乃三	三代苏亚输，
ʂu^{55} ɣa^{33} ʑu^{21} ɳɪ^{33} ɬi^{33}	输亚约乃四	四代输亚约，
ʑu^{21} a^{33} lɯ^{55} ɳɪ^{33} ŋu^{33}	约亚阿娄五	五代约亚阿娄，
a^{33} lɯ^{55} pʻu^{21} lɯ^{55} tɕʻo^{13}	阿娄濮娄六	六代阿娄濮娄，
pʻu^{21} lɯ^{55} a^{21} vɛ^{21} ɕi^{55}	濮娄阿文七	七代濮娄阿文，
a^{21} vɛ^{21} a^{33} vi^{21} hɪ^{13}	阿文阿余八	八代阿文阿余，
a^{33} vi^{21} pu^{13} po^{55} tɕy^{33}	阿余布僰九	九代阿余布僰，
pu^{13} po^{55} ʑɪ^{33} bu^{33} tsʻɯ^{21}	布僰哎哺十	十代布僰哎哺，
ʑɪ^{33} bu^{33} tsʻɯ^{21} tsʻɪ^{13} ʑy^{21}	哎哺十代传	哎哺传十代，
pu^{13} sɛ^{55} dʑɪ^{13}	布　奢　哲	到了布奢哲，
pu^{13} ho^{21} ɣɯ^{21} ɣa^{33} kʻɯ^{33}	布洪遏也到	布洪遏时代。
pu^{13} pu^{33} tʻa^{21} mɛ^{13} hɛ^{33}	布僰一名好	这布僰先圣，

ʑɿ^{33} bu^{33} hɪ^{21} ʐɯ^{33} dɯ^{13}

哎哺氏也生　　生在哎哺氏。

tʻu^{33} lu^{33} ɣo^{13} ʐɯ^{33} bi^{21}

宇宙膨也胀　　宇宙在发展，

tʻu^{33} lu^{33} tʻa^{21} ndo^{33} so^{21}

宇宙一宫华　　宇宙一华宫，

ʈʻu^{13} mi^{33} ʈʻu^{13} dʑi^{21} tsʻo^{13}

银天耀日照　　耀日照银天，

ʈʻu^{13} dʑi^{21} tsʻo^{13} ɖu^{33} ɖu^{33}

耀日晴朗朗　　耀日晴朗朗，

dʑi^{21} tʻa^{33} lu^{33} tɕʻi^{13} mu^{33}

日上彩光样　　日上光彩生，

lu^{33} tɕʻi^{13} mu^{33} tʻu^{33} tʻu^{33}

彩光作熠熠　　光彩熠熠闪，

lu^{33} tʻa^{55} hu^{21} bi^{21} mu^{33}

彩上芒晕样　　光芒射四方，

hu^{21} bi^{21} mu^{21} ʈʂʻu^{33} ʈʂʻu^{33}

芒晕彩缤纷　　芒晕多缤纷。

pʻu^{55} ʐɯ^{33} dʑi^{21} ʔu^{33} dɪ^{13}

顶也日头有　　顶上有日头，

ʈʻu^{13} mi^{33} ʈʻu^{13} hu^{21} bu^{21}

银天银月亮　　高天的月亮，

ʈʻu^{13} hu^{21} bu^{21} lɯ^{33} lɯ^{21}

银月亮晃晃　　月亮明晃晃，

tʻu^{13} ɬa^{55} ɣɯ^{21} lu^{33} fi^{13}	白上霞彩广	彩霞铺得广，
lu^{33} tʻa^{33} ɣɯ^{21} ʈɯ^{55} dzo^{33}	霞上彩晕生	彩霞上生晕，
ʈɯ^{55} tʻa^{55} ɬo^{13} na^{33} dɛ^{21}	晕上重目宽	月晕像巨目。
tʂʻu^{33} mi^{33} ʐɯ^{21}	苍 天 演	苍 天 演 化，
tʻo^{21} mi^{13} kʻo^{21} ʐɯ^{33} ɳɪ^{33}	大地发也呢	大地发展后，
pu^{13} po^{55} lo^{21} mu^{21} nɯ^{13}	布僰洛慕能	布僰洛慕能[13]，
tʻu^{13} ndo^{33} so^{21} ɣa^{33} dʐo^{33}	白宫华也在	住在天宫中，
pu^{13} zu^{33} tʻu^{13} tʻo^{21} ve^{13}	布僰银袍穿	布僰穿银袍。
dʑy^{21} ʐɯ^{33} tʻu^{13} tɕʻy^{13} dzo^{33}	身也银辉生	身躯生银辉，
sɯ^{33} ʐɯ^{33} tʻu^{13} sɯ^{33} dɪ^{13}	心也白心带	胸有明亮心，
dʐo^{21} ɳɪ^{33} tʻu^{13} mu^{33} dʐo^{21}	在乃白高在	做高尚的人。
ne^{33} ʐɯ^{33} pu^{13} po^{55} ndy^{55}	心也布僰想	心想布僰事，

la^{13} ʐɯ^{33} pu^{13} po^{55} go^{33}	手也布僰写	手写布僰文，
tʻu^{13} go^{33} la^{13} tʻo^{21} tʻo^{21}	著写手历历	书写手不停，
tʻu^{13} mu^{33} ʐi^{55} dzɛ^{21} dzɛ^{21}	著作花朗朗	著作生光辉。
sɛ^{55} mi^{55} tʻɪ^{13} le^{33} bu^{21}	知识卷册开	开知识卷册，
pu^{13} po^{55} ɣa^{33} lo^{33} zy^{55}	布僰也与齐	布僰文完美，
ʐɪ^{33} tɕɪ^{13} tsɪ^{13} ʐɯ^{33} lɪ^{33}	影星密似来	像繁星密布，
dɯ^{55} ɣa^{33} dɪ^{13} tɯ^{33} ŋɯ^{33}	其乃此是了	是这样说的。

ʐɪ^{33} ʂa^{33} ʂa^{21} ɲɪ^{33} tʻɯ^{55}	哎莎莎乃一	一代哎莎莎，
ʂa^{33} ʂa^{21} dʐu^{13} ɲɪ^{33} ɲɪ^{55}	莎莎觉乃二	二代莎莎觉，
dʐu^{13} xɛ^{21} ʐɪ^{33} ɲɪ^{33} sɯ^{33}	觉赫颖乃三	三代觉赫颖，
xɛ^{21} ʐɪ^{33} ɣɯ^{21} zu^{33} ɬi^{33}	赫颖遏汝四	四代赫颖遏汝，

ɣɯ^{21} zu^{33} xo^{21} mo^{21} ŋu^{33}	遏汝合牟五	五代遏汝合牟，
xo^{21} mo^{21} ŋgɯ^{21} dzo^{33} tɕʻo^{13}	合牟葛佐六	六代合牟葛佐，
ŋgɯ^{21} dzo^{33} ɣɯ^{21} ʔu^{33} ɕi^{55}	葛佐遏我七	七代葛佐遏我，
ɣɯ^{21} ʔu^{33} tɕʻi^{55} dʑɪ^{21} hɪ^{13}	遏我栖杰八	八代遏我栖杰，
tɕi^{55} dʑɪ^{21} lu^{33} mo^{21} tɕy^{33}	栖杰鲁莫九	九代栖杰鲁莫，
lu^{33} mo^{21} dʐo^{21} kʻa^{33} tsʻɯ^{21}	鲁莫卓卡十	十代鲁莫卓卡。
ʑɪ^{33} dɯ^{13} no^{33} zɛ^{21} dɯ^{13}	哎出乃寿出	哎出寿命生，
bu^{33} do^{21} no^{33} kʻa^{33} do^{21}	哺生乃命生	哺生寿命生，
zɛ^{21} mo^{21} mo^{21}	惹　蒙　蒙	到了惹蒙蒙[14]，
kʻa^{33} mo^{21} mo^{21} ʑɯ^{33} kʻɯ^{33}	卡蒙蒙也到	卡蒙蒙之时[15]。
zɛ^{21} kʻa^{33} ȵɪ^{55} hɪ^{21} hɛ^{33}	寿命二根好	寿命的好根，
ʑɪ^{33} bu^{33} hɪ^{21} ʑɯ^{33} dɯ^{13}	哎哺源也出	源出于哎哺，

注音	直译	意译
tʻu^{33} lu^{33} vɛ^{21} la^{33}	宇 宙 横 上	在宇宙上空，
ʈʻu^{13} ndo^{33} so^{21} ɣa^{33} nɹ^{33}	银宫华也坐	天宫中生着，
tʻu^{33} lu^{33} tʻa^{21} ndo^{33} so^{21}	宇宙一宫华	宇宙一华宫。
ʈʻu^{13} pʻu^{55} ʈʻu^{13} ʔu^{33} dɪ^{13}	银父银冠戴	太阳戴银冠，
ʂɛ^{13} mo^{21} ʂɛ^{13} lɯ^{55} ndɯ^{33}	金母金裙系	月亮系金裙，
zɛ^{21} kʻa^{33} tʻy^{21} lɪ^{21} sɿ^{33}	寿命其来育	它哺育寿命，
zɛ^{21} pʻu^{55} ʈʻu^{13} mbu^{33} ve^{13}	寿之银衣穿	寿父穿银衣，
kʻa^{33} mo^{21} ʂɛ^{13} lɯ^{55} ndɯ^{33}	命母金裙系	寿母系金裙。
ʈʻu^{13} mi^{33} ʈʻu^{13} dʑi^{21} tsʻo^{21}	耀日银天照	耀日照苍天，
ʈʻu^{13} dʑi^{21} ʈʻu^{13} hu^{21} bu^{21}	银日银月明	日明月也亮，
ʈʻu^{13} gɯ^{55} ʈʻu^{13} ɣo^{13} ɖɪ^{13}	银鹤银鹃鸣	银鹤银鹃鸣，
ʈʻu^{13} dzɛ^{21} ʈʻu^{13} ve^{33} ɣɯ^{21}	银树银花繁	银树开繁花。

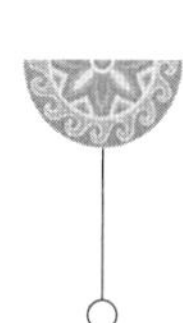

tu^{13} zɛ^{21} tu^{13} dzɪ^{13} dzɪ^{13}	千寿人密密	千岁人无数，
tɕy^{33} tu^{13} ma^{21} hɪ^{13} zɛ^{21}	九千无限寿	九千岁嫌短，
ɬi^{55} n̥ɪ^{33} tʻy^{21} ʑɯ^{33} dʐa^{33}	生乃此也样	生了就这样。
zɛ^{21} pʻu^{55} tʻu^{13} mbu^{33} ve^{13}	寿父银衣穿	寿父穿银衣，
kʻa^{33} mo^{21} ʂɛ^{13} lɯ^{55} ndɯ^{33}	命母金裙系	寿母系金裙。
tʻy^{21} n̥ɪ^{55} lɯ^{55} tʻo^{21} ʑɯ^{33}	其二上下里	在他们范围，
zɛ^{21} kʻa^{33} su^{13} tɕy^{33} ʑo^{33}	寿命者九个	九个长寿人，
tʻu^{13} dʑi^{21} tsʻo^{13}	银 日 晴	银太阳，
ʂɛ^{13} hu^{21} bu^{21} ʑɯ^{33} dʐo^{33}	金月明也在	金月亮所在，
tʻu^{13} dʑy^{33} pʻu^{21} ʑɯ^{33} dzu^{21}	银高原也住	平原为基地，
ʂɛ^{13} ʂu^{33} no^{13} ʑɯ^{33} ndʐɛ^{21}	金原野也基	原野为基业，
tʻu^{13} vu^{55} ɖɪ^{13} ʑɯ^{33} ʑu^{21}	银鸟鸣之状	声如银鸟鸣，

tʻu^{13} tʂu^{21} ɖɿ^{13} dʐɯ^{33} dʐɯ^{33}　　银钟响朗朗　　又如银钟响，

tʻu^{13} su^{13} ty^{21} ʑɯ^{33} dzu^{21}　　管者此也住　　管者此住在。

zɛ^{21} kʻa^{33} tɕy^{33} tsʻɯ^{33} hɪ^{21}　　寿命九十源　　寿命九十源，

ɬi^{55} ɳɪ^{33} zɛ^{21} ʑɯ^{33} kʻa^{33}　　育乃寿也命　　培育了寿命。

zɛ^{21} ʔu^{33} gɯ^{55} ʔu^{33} dɪ^{13}　　寿头鹤头生　　寿神长鹤头，

gɯ^{55} ʔu^{33} ɖɿ^{13} ʈo^{55} ʈo^{21}　　鹤头叫朗朗　　鹤头叫朗朗。

kʻa^{33} ʑɯ^{33} ɣo^{13} mɛ^{33} ndʐa^{33}　　命也鹃尾附　　命神长鹃尾，

kʻa^{33} mɛ^{21} ba^{13} mo^{21} mo^{21}　　命尾齐整整　　命尾齐整整。

ne^{33} ʑɯ^{33} zɛ^{21} kʻa^{33} ndy^{55}　　心 寿 命 想　　心里想寿命，

kʻɯ^{33} ʑɯ^{33} zɛ^{21} kʻa^{33} ba^{13}　　命也寿命恋　　迷恋着寿命，

dʑy^{21} ʑɯ^{33} zɛ^{21} kʻa^{33} ve^{13}　　身也寿命穿　　身上有寿命，

ʔu^{33} ʑɯ^{33} zɛ^{21} kʻa^{33} dzo^{33}　　头也寿命生　　头上有寿命，

ţʻu^{55} ʑɯ^{33} zɛ^{21} na^{33} dɪ^{13}	脸也寿眼长	脸上长寿眼，
na^{33} ʑɯ^{33} zɛ^{21} kʻa^{33} tsɪ^{13}	眼也寿命识	眼睛识寿命。
ɬu^{13} ʑɯ^{33} zɛ^{21} kʻa^{33} ɖɪ^{13}	舌也寿命语	舌头吐寿命，
la^{13} ʑɯ^{33} zɛ^{21} kʻa^{33} go^{33}	手也寿命写	手里写寿命，
zɛ^{21} go^{33} la^{13} vu^{33} vu^{33}	寿写手速速	快速写寿命，
ţʻu^{13} tʻu^{33} ʑi^{55} lɯ^{21} lɯ^{21}	银棒易部部	著部部祷易。
mɛ^{33} na^{33} ʑi^{55} dzɛ^{21} dzɛ^{21}	锦黑花朗朗	黑锦花朗朗，
zɛ^{21} kʻa^{33} tu^{13} bi^{33} zy^{55}	寿命立始创	创立了寿命，
zɛ^{21} kʻa^{33} mi^{33} mu^{33} dɯ^{13}	寿命天高出	寿命比天高。
ʑɪ^{33} bu^{33} tɕy^{33} tsʻɯ^{33} hɪ^{21}	哎哺九十氏	哎哺九十氏，
tʻu^{33} lu^{33} tʻa^{21} ndo^{33} so^{21}	宇宙一宫华	在宇宙一宫。
zɛ^{21} kʻa^{33} tʻa^{21} xɯ^{33} dzu^{21}	寿高一族住	住高寿一族。

ʑɪ^{33} dɯ^{13} ko^{33}	哎 出 中	在哎哺里面，
bu^{33} do^{21} ko^{33} lo^{13} lɯ^{55}	哺生中是了	在哎哺中间。
tʻy^{21} no^{33} tʻy^{21} lo^{13} lɯ^{55}	其乃此是了	它是这样的。

ʑɪ^{33} sɿ^{55} sɿ^{33} n̥ɪ^{33} tʻɯ^{55}	哎斯斯乃一	一代哎斯斯，
sɿ^{55} sɿ^{33} tɕu^{55} n̥ɪ^{33} n̥ɪ^{55}	斯斯赳乃二	二代斯斯赳，
tɕu^{55} mu^{33} nɯ^{21} n̥ɪ^{33} sɯ^{33}	赳慕能乃三	三代赳慕能，
nɯ^{21} lɛ^{21} ʂɛ^{13} n̥ɪ^{33} ɬi^{33}	能勒舍乃四	四代能勒舍，
lɛ^{21} ʂɛ^{13} a^{33} tʂu^{21} ŋu^{33}	勒舍阿祝五	五代勒舍阿祝，
a^{33} tʂu^{21} mo^{21} mɛ^{13} tɕʻo^{13}	阿祝默买六	六代阿祝默买，
mo^{21} mɛ^{13} tɕʻi^{55} dʑɪ^{21} ɕi^{55}	默买栖杰七	七代默买栖杰，
tɕʻi^{55} dʑɪ^{21} la^{13} ŋgɯ^{21} hɪ^{13}	栖杰拉格八	八代栖杰拉格，

la^{13} ŋɯ^{21} dʑu^{55} p'o^{21} tɕy^{33}	拉格觉朋乃九	九代拉格觉朋，
dʑu^{55} p'o^{21} ɬɯ^{21} ɲɪ^{33} ts'ɯ^{21}	觉朋娄乃十	十代觉朋娄。
ma^{13} lɯ^{21} lɯ^{21}	麻 娄 娄	产生麻娄娄，
dʐo^{21} ɖu^{33} ɖu^{33} ɬi^{55} lɯ^{33}	桌朵朵产了	产生桌朵朵，
ma^{13} dʐo^{21} ɲɪ^{55} mɛ^{13} hɛ^{33}	麻卓两名好	麻卓这两贤，
ʐɪ^{33} bu^{33} hɪ^{21} ʑɯ^{33} dɯ^{13}	哎哺氏也出	出自哎哺氏。
t'u^{33} lu^{33} vɛ^{21} la^{33}	宇 宙 横 上	在宇宙上空，
t'u^{13} ndo^{33} so^{21} ɣa^{33} ɲɪ^{33}	银宫华也坐	天宫里住着。
t'u^{13} mi^{33} tɕy^{33} ɣo^{21} ndo^{33}	银天九重宫	天上九重宫，
no^{13} su^{13} tɕy^{33} ʑo^{21} ɲɪ^{21}	糯氏九个坐	住糯氏九人[16]，
t'u^{13} ndo^{33} t'u^{13} hu^{21} bu^{21}	银宫皓月明	皓月映天宫，
ʂɛ^{13} mi^{13} ɣo^{21} hɪ^{13} la^{33}	金地八方上	地上的八方，

dʐo^{13} su^{13} hɪ^{13} ʑo^{55} ɳɪ^{21}	卓氏八个住	住卓氏八人。
no^{13} pʻu^{55} ɳɪ^{55} ʔu^{33} dɪ^{13}	糯男虎头长	糯男长虎头，
no^{13} mo^{21} ɳɪ^{55} sɯ^{33} dzo^{33}	糯女虎爪生	糯女生虎爪。
tʻy^{21} ɳɪ^{55} lɯ^{55} tʻo^{21} ʐɯ^{33}	其二上下里	在他俩范围，
no^{13} su^{13} tu^{13} dzɪ^{13} dzɪ^{13}	糯氏千济济	糯氏人济济，
dzɪ^{13} su^{13} tɕɪ^{13} ka^{13} ka^{13}	济者亿万万	多得数不清。
no^{13} ndzu^{33} ʈʻu^{13} mbu^{33} ve^{13}	糯君银衣穿	糯君穿银衣，
no^{13} mu^{55} ʂe^{13} lɯ^{55} ndɯ^{33}	糯臣金裙系	糯臣系金裙。
ne^{33} ʐɯ^{33} sɛ^{55} mi^{55} ndy^{55}	心也知识想	心里想知识，
kʻɯ^{33} ʐɯ^{33} sɛ^{55} mi^{55} mba^{33}	口也知识讲	口里讲知识，
ɬu^{13} ʐɯ^{33} sɛ^{55} mi^{55} dɹ^{13}	舌也知识语	舌头吐知识，
ʈʻu^{55} ʐɯ^{33} no^{13} dʑi^{21} tsʻo^{13}	脸也糯日照	日照糯神脸，

sɯ^{33} ʑɯ^{33} no^{13} hu^{21} bu^{21}	心也糯月明	月照糯神心，
la^{13} ʑɯ^{33} no^{13} ʑɿ^{33} go^{33}	手也糯影写	手描绘糯影，
tʻu^{13} tʻu^{55} ʑi^{55} lɯ^{21} lɯ^{21}	银椿易闪闪	椿易上生辉，
ʑɿ^{33} bu^{33} dɯ^{13} tsʻɯ^{21} tsʻɿ^{13}	哎哺出十代	哎哺出十代，
ʑɿ^{33} dɯ^{13} ko^{13} ʑɯ^{33} dɯ^{13}	哎出中也出	出在哎哺里，
bu^{33} do^{21} ko^{13} ʑɯ^{33} do^{21}	哺生中也生	生在哎哺中，
ʑɿ^{33} dɯ^{13} bu^{33} dɯ^{13} ho^{21}	哎生哺生见	同哎哺出现，
tʻu^{33} lu^{33} tʻa^{21} dʑi^{21} sɯ^{55}	宇宙上日似	如宇宙太阳。
tʻy^{21} ʑɿ^{33} tʻy^{21} ɣa^{33} go^{33}	其影其来描	绘自己的影，
tɕɿ^{13} ʂɛ^{13} ʑi^{55} dzɛ^{21} dzɛ^{21}	星灿花朗朗	如灿烂的星。
no^{13} dʐo^{21} mu^{33} bi^{21} zy^{55}	糯卓高顶齐	糯卓高齐天，
ʑɿ^{33} bu^{33} hɿ^{21} ʑɯ^{33} lɿ^{33}	哎哺本也来	从哎哺中来。

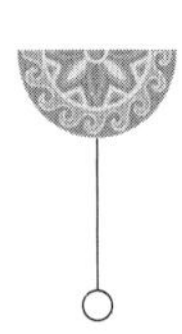

t‘u^{33} lu^{33} t‘a^{21} ndo^{33} so^{21}　宇宙一宫华　宇宙一华宫，

t‘y^{21} ʐɯ^{33} ȵɹ^{33}　其　也　住　糯氏住其中。

ʐɹ^{13} dɯ^{13} no^{33} no^{13} dɯ^{13}　哎出乃祸出　哎与糯共生，

bu^{33} do^{21} no^{21} dʐo^{21} do^{21}　哺生乃卓生　卓与哺同出，

t‘y^{21} no^{33} t‘y^{21} lo^{13} lɯ^{55}　其乃此是了　就是这样的。

ʐɹ^{33} lɯ^{55} lɯ^{33} ȵɹ^{33} t‘ɯ^{55}　哎娄娄乃一　一代哎娄娄，

lɯ^{55} lɯ^{33} mu^{33} ȵɹ^{33} ȵɹ^{55}　娄娄慕乃二　二代娄娄慕，

mu^{21} ȵɹ^{21} hɪ^{21} mi^{55} sɯ^{33}　慕尼恒咪三　三代慕尼恒咪，

hɪ^{21} mi^{55} ȵɯ^{55} ȵɹ^{33} ɬi^{33}　恒咪妞乃四　四代恒咪妞，

ȵɯ^{55} ɣa^{33} mi^{55} ȵɹ^{33} ŋu^{33}　妞雅咪乃五　五代妞雅咪，

mi^{55} ɣa^{33} gu^{33} ȵɹ^{33} tɕ‘o^{13}　咪雅谷乃六　六代咪雅谷，

gu^{33} ɣa^{33} vu^{33} n̥ɹ^{33} ɕi^{55}　谷雅武乃七　七代谷雅武，

ɣa^{33} vu^{33} lɯ^{55} n̥ɹ^{33} hɹ^{13}　雅武娄乃八　八代雅武娄，

lɯ^{55} pu^{13} na^{33} tsa^{13} tɕy^{33}　娄布纳乍九　九代娄布纳乍，

na^{33} tsa^{13} lo^{33} dʐo^{33} tsʻɯ^{21}　纳乍洛卓十　十代纳乍洛卓。

zɹ^{33} bu^{33} tsʻɯ^{21} tsʻɹ^{13} ʑy^{21}　哎哺十代传　哎哺传十代，

lu^{33} kʻu^{33} mu^{33}　洛 苦 姆　到了洛苦姆，

dʐo^{21} hu^{21} ʑɛ^{33} ɣa^{33} kʻɯ^{33}　卓洪厄也到　卓洪厄时代。

lu^{33} dʐo^{21} n̥ɹ^{55} hɹ^{21} hɛ^{33}　洛卓二根好　洛卓的好根，

ʑɹ^{33} bu^{33} hɹ^{21} ʑɯ^{33} dɯ^{13}　哎哺源于出　源出于哎哺。

tʻu^{33} lu^{33} vɛ^{21} la^{33}　宇 宙 横 上　在宇宙上空，

tʻu^{13} ndo^{33} so^{21} ʑɯ^{33} n̥ɹ^{33}　银宫华也坐　华天宫里住。

tʻu^{13} mi^{33} tʻɯ^{33} lɯ^{21} lɯ^{21}　银天清汪汪　高天清汪汪，

ʈʻu^{13} mi^{33} dʑi^{21} sɯ^{55} tsʻo^{13}　　银天日似晴　　高天日运行，

ʈʻu^{13} dʑi^{21} tsʻo^{13} ɖu^{33} ɖu^{33}　　银日晴朗朗　　耀日晴朗朗，

su^{33} ʂɛ^{13} bu^{21} lɯ^{33} lɯ^{33}　　其黄明晃晃　　月亮明晃晃，

tʻy^{21} ɳɪ^{55} lɯ^{55} tʻo^{21} ʑɯ^{33}　　它俩上下里　　它俩的范围，

tɕɪ^{13} ʂɛ^{13} tʻa^{21} pʻu^{21} dɯ^{13}　　星黄一片出　　生出一片星。

tɕɪ^{13} ʂɛ^{13} lu^{33} mu^{33} dzo^{33}　　星黄群作生　　星以群分布，

tɕɪ^{13} ʂɛ^{13} ʈʻo^{21} ʂɛ^{13} ve^{13}　　星黄袍黄穿　　穿着黄色袍，

ʑɪ^{33} bu^{33} dɯ^{13} tsʻɯ^{21} tsʻɪ^{13}　　哎哺出十代　　哎哺出十代，

tʻu^{33} lu^{33} ndo^{33} ʑɯ^{33} dzo̜^{33}　　宇宙宫也在　　在宇宙宫中。

tɕɪ^{13} dzo^{33} bu^{21} lɯ^{33} lɯ^{33}　　星生明晃晃　　众星明晃晃，

ʈʻu^{13} tʻu^{33} ʑi^{55} dzɛ^{21} dzɛ^{21}　　银上明灿灿　　天上很华丽。

hɪ^{21} tʻu^{33} tʻɯ^{21} ʈʻi^{55} ŋgɯ^{55}　　乾上坤下顶　　乾坤上下间，

ʂe^{13} dʑi^{21} ʂe^{13} mbu^{33} ve^{13}	金日金衣穿	太阳穿金衣，
dʑi^{21} ʔu^{33} dʑi^{21} sɯ^{33} dzo^{33}	日头日光生	光芒头上生。
tɕɪ^{13} dʑi^{21} tsʻo^{13} lɪ^{21} no^{33}	日星晴后呢	太阳出来后，
tʻu^{33} lu^{33} la^{33} ʑɯ^{33} ţʻu^{55}	宇宙上也照	照在宇宙间，
tɕʻi^{13} ʑɯ^{33} tɕɪ^{13} ţʻu^{13} tsɪ^{13}	顶也星白布	光芒在星上，
dʑy^{21} ʑɯ^{33} tɕɪ^{13} ţʻu^{13} hɯ^{55}	身也星白护	身体护明星，
kʻɯ^{33} ʑɯ^{33} lu^{33} dzo^{33} ŋgɯ^{55}	口也洛卓颂	口里颂洛卓，
tɕʻu^{33} ʑɯ^{33} lu^{33} mi^{55} tsɪ^{13}	声也洛咪传	声音传洛咪，
ɬa^{13} ʑɯ^{33} lu^{33} ʑɪ^{33} go^{33}	手也洛影写	手绘洛卓影，
lu^{33} go^{33} ɬa^{13} ţʻo^{21} ţʻo^{21}	洛写手跃跃	快速描绘着。
ţʻu^{13} ţʻu^{55} ʑi^{55} dzɛ^{21} dzɛ^{21}	椿易光闪闪	椿易上生辉，
sɛ^{55} mi^{55} tʻɪ^{13} le^{33} bu^{33}	知识卷册开	开知识卷册，

lu^{33} dʐo^{21} tɕɪ^{13} bu^{21} zy^{55}	洛卓形开齐	出现洛卓图。
lu^{33} go^{33} la^{13} tʻo^{21} tʻo^{21}	洛写手跃跃	快速地描绘，
ʑɪ^{33} dɯ^{13} no^{33} ndzu^{33} dɯ^{13}	哎出乃君出	哎出君也出，
bu^{33} do^{21} no^{33} fu^{33} do^{21}	哺生乃王生	哺生王也生。
ʑɪ^{33} bu^{33} dɯ^{13} tsʻɯ^{21} tsʻɪ^{13}	哎哺出十代	哎哺出十代，
lu^{33} dʐo^{21} tɕy^{33} tsʻɯ^{33} dʑi^{21}	洛卓九十组	九十组洛卓，
ʑɪ^{33} bu^{33} hɪ^{21} ʑɯ^{33} dɯ^{13}	哎哺源也出	源出于哎哺。
tʻu^{33} lu^{33} dzɯ^{21} lɪ^{21} sɿ^{33}	宇宙聚来呢	生于宇宙间，
lu^{33} dʐo^{21} ʑɪ^{33} dɯ^{13} ko^{33}	洛卓影生中	形成洛卓影，
ʑɪ^{33} bu^{33} mi^{33} mi^{13} tsʻɪ^{13}	哎哺天地代	哎哺天地经，
tʻɯ^{13} no^{33} ty^{21} lo^{13} lɯ^{55}	说乃此是了	说是这样的。

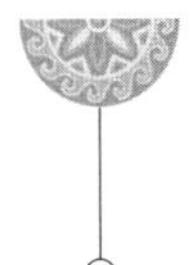

ʑɿ^{33} mo^{21} mo^{21} ɳɿ^{33} tʻɯ^{55}	哎莫莫乃一	一代哎莫莫，
mo^{21} mo^{21} lɯ^{55} ɳɿ^{33} ɳɿ^{55}	莫莫娄乃二	二代莫莫娄，
lɯ^{55} ʔu^{33} ku^{33} ɳɿ^{33} sɯ^{33}	娄翁古乃三	三代娄翁古，
ʔu^{33} ku^{33} ba^{13} ɳɿ^{33} ɬi^{33}	翁古巴乃四	四代翁古巴，
ba^{13} ɣa^{33} ȵy^{21} ɳɿ^{33} ŋu^{33}	巴雅尼乃五	五代巴雅尼，
ȵy^{21} ɣɯ^{21} mɛ^{13} ɳɿ^{33} tɕʻo^{13}	尼厄默乃六	六代尼厄默，
ɣɯ^{21} mɛ^{33} mi^{55} kʻɛ^{21} ɕi^{55}	厄默咪克七	七代厄默咪克，
mi^{55} kʻɛ^{21} bi^{21} ɳɿ^{33} hɪ^{13}	咪克毕乃八	八代咪克毕，
bi^{21} mu^{33} pʻu^{21} ʂu^{21} tɕy^{33}	毕慕濮勺九	九代毕慕濮勺，
pʻu^{21} ʂu^{21} ko^{13} ɳɿ^{33} tsʻɯ^{21}	濮勺果乃十	十代濮勺果。
ʑɿ^{33} bu^{33} tsʻɯ^{21} tsʻɪ^{13} ʑy^{21}	哎哺十代传	哎哺传十代，
pʻu^{21} ʂu^{21} ko^{13} ɣa^{33} kʻɯ^{33}	濮勺果也到	到了濮勺果。

mi^{33} mu^{33} ȵɪ^{55} hɪ^{21} hɛ^{33}	靡莫二根好	靡莫的好根[16]，
ʑɪ^{33} bu^{33} ȵɪ^{55} hɪ^{21} hɛ^{33}	哎哺二根好	哎哺两好根，
tʻu^{33} lu^{33} vɛ^{21} la^{33}	宇 宙 横 上	在宇宙上空，
tʻu^{33} lu^{3} so^{21} ʑɯ^{33} ȵɪ^{33}	宇宙华也坐	好地方住着。
tʻu^{13} mi^{33} tʻu^{13} dʑi^{21} tsʻo^{13}	银天银日晴	高天银日睛，
tʻu^{13} mi^{33} ʑo^{21} ʑo^{33} hɪ^{21}	银天自自生	高天自发展，
tʻu^{13} tʻu^{33} ndʑy^{13} ʑɯ^{33} tsɪ^{13}	银乾竖也合	银天竖着合，
tʻu^{33} tsɪ^{13} vu^{55} lɪ^{21} tsɪ^{13}	乾合鸟来合	就像鸟聚拢，
tʻu^{33} dʑy^{33} kʻɯ^{55} mo^{21} mo^{21}	乾高上赫赫	赫赫的高空，
ndʐu^{55} mu^{55} ve^{13} lɪ^{21} ȵɪ^{21}	珠姆伟来坐	住着珠姆伟，
ndʐu^{55} su^{13} vu^{55} ʔu^{33} dɪ^{13}	珠氏鸟头长	珠氏长鸟头，
ndʐu^{55} su^{13} vu^{55} ʑɯ^{33} ʐu^{21}	珠氏鸟也样	样子很像鸟。

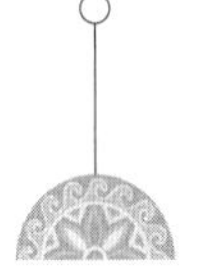

vu^{55} dɿ^{13} no^{33} dʐɯ^{33} dʐɯ^{33}	鸟鸣乃阵阵	声如鸟音美，
sɛ^{55} mi^{55} nɯ^{13} ȵy^{21} ʑɯ^{33}	知识雾青涌	知识如雾涌，
tʻu^{33} ɣo^{13} ʈʻu^{13} kʻɛ^{21} ŋgo^{21}	乾里银线抽	抽天上银线，
ʂɛ^{13} mi^{13} ʑo^{21} ʑo^{21} dɯ^{13}	金地自自出	大地自出现。
pʻu^{21} ʑɯ^{33} ȵɪ^{55} lɪ^{21} hɛ^{13}	地也虎来站	地由虎来守，
ho^{21} gu^{33} xɯ^{21} ʑɯ^{33} mbu^{55}	见识海也溢	见识如海溢。
tʻi^{55} ʑɯ^{33} hɪ^{13} pʻo^{21} pʻo^{21}	坤也八茫茫	茫茫八荒地，
tʻi^{55} ɣo^{13} ʂɛ^{13} kʻɛ^{21} ŋgo^{21}	坤里金线抽	抽地上金线，
ʂɛ^{13} kʻɛ^{21} ʈʻu^{13} tʂʻu^{33} tʂo^{13}	金线银车转	线动日车转，
dʑi^{21} tɕʻi^{13} dʐɿ^{21} nu^{33} nu^{33}	日光伸多多	日光普照着，
sɛ^{55} mi^{55} dɯ^{13} ɣa^{33} hɪ^{21}	知识出也源	知识有根源，
ʑɪ^{33} bu^{33} hɪ^{21} ʑɯ^{33} dɯ^{13}	哎哺源也出	源出于哎哺。

ʑɪ^{33} dɯ^{13} ko^{33}	哎　产　中	在哎中产生，
bu^{21} do^{21} ko^{33} mu^{33} dʐa^{33}	哺成中的在	在哺中形成。
dʐo^{21} su^{13} ʈʻu^{13} su^{13} dʐy^{21}	洛者白人身	洛卓成白人，
su^{13} ʈʻu^{13} dʑi^{21} ʔu^{33} dɪ^{13}	人白日头戴	白人头戴日，
dʑi^{21} ʔu^{33} dʑi^{21} sɯ^{33} dzo^{33}	日头日芒生	日头有光芒，
ʂɛ^{13} sɯ^{55} ʂɛ^{13} ɣo^{21} dɪ^{13}	金辉金腹生	金腹生金辉。
tʻu^{33} lu^{33} dɯ^{13} ɣo^{21} ko^{33}	宇宙生也中	在宇宙中间，
su^{13} ʂɛ^{13} tʻa^{21} xɯ^{33} dzu^{21}	黄人一族住	住一族黄人。
ʑɪ^{33} dɯ^{13} tʻu^{33} do^{21} lɪ^{33}	哎生乾生来	哎乾产生了，
bu^{33} dɯ^{13} tʻi^{55} do^{21} lɪ^{33}	哺产坤生来	哺坤产生了，
ndzu^{33} dɯ^{13} fu^{33} do^{21} lɪ^{21}	君生王产来	君王产生了。
tɕɪ^{13} dɯ^{13} pʻu^{21} lɯ^{55} ɣo^{21}	星出群的有	星群布满天，

tɕɪ^{13} tʻu^{13} to^{21} zɯ^{33} zɯ^{33}	星白亮晶晶	明星亮晶晶。
ʑɪ^{33} bu^{33} hɪ^{21} ʑɯ^{33} dʐo^{33}	哎哺天也在	嵌于哎哺天，
tɕɪ^{13} tʻu^{13} to^{21} zɯ^{33} zɯ^{33}	星白亮晶晶	明星亮晶晶。
ndy^{55} lɪ^{21} tɕɪ^{13} tʻu^{13} ndy^{55}	想来星白想	想来想明星，
sɛ^{55} ɳɪ^{33} tɕɪ^{13} gu^{21} gu^{21}	知也星团团	知识多如星。
ndy^{55} ɳɪ^{33} ko^{13} bi^{21} dʑy^{33}	想乃中沿高	想的很深奥，
ndy^{55} ɳɪ^{33} bu^{21} tʻu^{13} vu^{55}	想乃羊白聚	想的也很多，
ndy^{55} ɳɪ^{33} nɯ^{13} tʻu^{13} ha^{33}	想乃雾白涨	思绪如雾涌，
ndy^{55} ɳɪ^{33} lɯ^{55} ho^{21} pʻo^{21}	想乃水雨注	思绪如雨注，
ndy^{55} ɳɪ^{33} ʑi^{21} ho^{21} ka^{13}	想的广如天	想的广如天，
ʑɪ^{33} bu^{33} ndy^{55} lɪ^{21} ɳɪ^{33}	想到了哎哺	想到了哎哺。
nɯ^{13} tʻu^{13} tʻa^{21} pʻu^{21} sɯ^{55}	像一团白雾	像一团白雾，

ne^{33} ndy^{55} k‘ɯ^{33} lɿ^{21} mba^{33}	心想口来讲	边想边陈述，
ʐɿ^{33} bu^{33} tɕy^{33} ts‘ɯ^{33} hɪ^{21}	哎哺九十源	哎哺九十源，
na^{33} ɳɪ^{13} la^{13} lɿ^{21} go^{33}	眼看手来写	眼看手来写，
t‘y^{21} no^{33} t‘y^{21} lo^{13} lɯ^{55}	其乃此是了	就是这样的。

ʐɿ^{33} na^{33} na^{33} ɳɪ^{33} t‘ɯ^{55}	哎纳纳乃一	一代哎纳纳，
na^{33} na^{33} gɯ^{55} ɳɪ^{33} ɳɪ^{55}	纳纳勾乃二	二代纳纳勾，
gɯ^{55} ɣa^{33} ʂɛ^{13} ɳɪ^{33} sɯ^{33}	勾雅舍乃三	三代勾雅舍，
ʂɛ^{13} fi^{13} la^{13} tɕ‘o^{21} ɬi^{33}	舍费拉曲四	四代舍费拉曲，
fi^{13} la^{13} tɕɪ^{13} ɳɪ^{33} ŋu^{33}	费拉杰乃五	五代费拉杰。
ʐɿ^{33} bu^{33} dɯ^{13} do^{21} hɪ^{21}	哎哺阴阳本	哎哺阴阳本，
lu^{33} dɯ^{13} sɛ^{55} do^{21} hɪ^{21}	卦出知识根	卦象知识根。

ʑɪ^{33} bu^{21} lu^{21} ɣa^{33} ko^{33}	哎哺卦也内	在哎哺卦内，
lu^{33} go^{33} la^{13} lɪ^{21} go^{33}	卦写手来写	手里画卦象，
ʑɪ^{33} bu^{33} tɕɪ^{13} zɯ^{33} zɯ^{33}	哎哺星闪闪	哎哺星灿烂，
lu^{33} dɯ^{13} sɛ^{55} ɬi^{55} hɪ^{21}	卦出知生本	知识源于卦。
tɕɪ^{13} dzo^{33} lɯ^{55} tʻo^{21} ʑɯ^{33}	星生上下里	星斗形成后，
ʑɪ^{33} bu^{33} tɕy^{33} tsʻɯ^{33} hɪ^{21}	哎哺九十氏	哎哺九十氏，
dza̧^{33} dzɯ̧^{33} mu^{33} ʑɯ^{33} lɯ^{33}	发展高也去	往高处发展，
tʻu^{33} lu^{33} ʑɛ^{33} dɯ^{13} lɯ^{33}	宇宙大出了	宇宙出现了。
tʻu^{33} lu^{33} tɕʻi^{13} ɣo^{21} ŋgo^{33}	宇宙高也门	宇宙的高空，
tɕʻy^{13} ʑɯ^{33} tɕʻi^{13} lɪ^{21} pʻu^{21}	角也角来开	打开高处门，
tɕy^{33} hu^{21} ɣa^{33} nu^{33} nu^{33}	九百也多多	出现九百类，
lɯ^{33} lɯ^{55} mu^{21} ʑɯ^{33} dɯ^{13}	样样高也出	高处样样生。

tɕy33 dʐɯ33 tʻu21 ʑi33 dɯ13	九类椿易出	著九卷椿易，
ɣo13 tʻu21 ʑi33 sɯ33 tɕʻy13	华椿易三幅	三幅华卷上，
tʻu33 lu33 tɕʻo13 ʑɯ33 dzo33	宇宙象也生	有宇宙图样，
tʻu13 tʻu21 ʑi33 sɯ33 hu21	银椿易三百	椿易三百篇，
tʻu55 ʑɯ33 tɕɪ13 dzɪ13 lɪ33	面也星密来	上面布满星。
tʻu33 lu33 lɯ55 ɣa33 ko33	宇宙腹也中	宇宙的腹中，
dʑi21 ʑɪ33 dɪ13 ʑɯ33 ŋgɯ55	日影有也顶	唯有日影好。
sɯ33 tsʻɯ33 ɣo13 tʻu21 ʑi33	三十丽椿易	三十篇祷易，
tʻy21 ʑɯ33 ko13 ɣa21 no33	丽椿易也面	铸易的上面，
ʑɛ33 ɣa33 su13 lɪ21 ndy55	大也者来思	圣人来思索，
lu33 go33 la13 lɪ21 go33	卦写手来写	手把卦描绘。
ʑɪ33 dɯ13 sɯ33 hu33 tsʻɪ13	哎出三百代	哎出三百代。

彝文注音	直译	意译
t‘u^{33} lu^{33} sɯ^{33} hu^{21} dzo^{21}	宇宙三百居	宇宙三百处，
t‘u^{33} ʑy^{21} sɯ^{33} hu tsɪ^{13}	乾度三百段	乾数三百段，
ku^{33} ʑɯ^{33} sɯ^{33} ts‘ɯ^{33} tsɪ^{13}	缩以三十段	缩做三十段。
t‘u^{33} ma^{21} tsɪ^{13} lɪ^{21} sɿ^{33}	乾未定也兮	乾还未定时，
t‘u^{55} tsɪ^{13} lɪ^{21} ʑɪ^{33} go^{33}	乾定来影写	先绘乾影图，
t‘i^{55} ma^{21} ka^{13} ʑɯ^{33} sɿ^{33}	坤未分也兮	尚未分坤图，
t‘i^{55} ka^{13} lɪ^{21} ʑɪ^{33} go^{33}	坤定来影写	先绘坤影像。
ʑɪ^{33} bu^{33} tɕy^{33} ts‘ɯ^{33} hɪ^{21}	九十哎哺氏	九十氏哎哺，
sɯ^{33} ts‘ɯ^{33} hɪ^{21} ʑɯ^{33} dʑi^{33}	三十天以下	三十住天下，
sɛ^{55} mi^{55} nɯ^{21} ȵy^{21} ʑɯ^{33}	知识雾青涌	知识如雾涌，
ho^{21} gu^{21} nu^{33} nɯ^{21} ha^{33}	见识霭漫红	见识似霭漫，
ʑɪ^{33} bu^{33} tu^{13} tɪ^{21} zy^{55}	哎哺千重俑	哎哺千重俑，

ts‘ɛ^{13} ʂɛ^{13} bu^{33} ʈ‘u^{55} ʈ‘u^{13}　　采舍白偶色　　采舍白脸偶。

mu^{21} tɕ‘o^{21} mɛ^{33} ʈ‘u^{13} ʈ‘ɯ^{55}　　形象锦百展　　形象如展锦，

ko^{13} mi^{55} tʂ‘u^{33} ʑi^{21} gu^{21}　　计谋转水园　　计谋如涟漪。

ʑɪ^{33} bu^{33} sɯ^{33} ts‘ɯ^{33} hɪ^{21}　　哎哺三十氏　　三十氏哎哺，

t‘u^{33} lu^{33} sɯ^{33} ts‘ɯ^{33} ndo^{33}　　宇宙三十宫　　宇宙三十宫，

tu^{13} ɣa^{33} mu^{33} ʑɯ^{33} lɪ^{33}　　三十宫也立　　由哎哺建成。

ʑɪ^{33} bu^{33} zu^{33} sɯ^{33} ts‘ɯ^{33}　　哎哺子三十　　哎哺三十人，

sɯ^{33} tsɯ^{33} ndo^{33} ɣa^{21} ɳɪ^{33}　　三十宫也坐　　住在三十宫，

ʑɪ^{33} ɳɪ^{33} t‘y^{21} lɪ^{21} zɯ^{33}　　哎由其来掌　　把哎哺掌握，

bu^{33} tsɪ^{13} t‘y^{21} lɪ^{21} ka^{13}　　哺布其来管　　把哎哺管理，

sɛ^{55} mi^{55} t‘y^{21} lɪ^{21} ndy^{55}　　知识他来想　　把知识探索，

ho^{21} gu^{33} t‘y^{21} lɪ^{21} k‘ɛ^{33}　　见识他来缝　　把见识完善。

zɿ^{33} bu^{33} sɯ^{33} tsʻɯ^{33} tsʻɿ^{13} 哎哺三十代 三十代哎哺，

tʻy^{21} dɯ^{13} tʻy^{21} ʑɯ^{33} dzạ^{33} 其生即此如 这样产生的。

ɣo^{21} tʻu^{33} ʑi^{55} lɯ^{21} lɯ^{21} 丽椿易跃跃 椿易上生辉，

sɯ^{33} tsʻɯ^{33} ko^{13} lɿ^{21} ndy^{55} 三十进来想 三十人来想，

lu^{33} go^{33} la^{13} lɿ^{21} go^{33} 卦写手来写 用手把卦绘。

zɿ^{33} dɯ^{13} ko^{13} lɯ^{55} lɯ^{21} 哎出靠样样 样样全靠哎，

zɿ^{33} dɯ^{13} sɛ^{55} mi^{55} tʂʻu^{33} 哎出知识种 哎衍知识种。

zɿ^{33} tsu^{55} tsʻo^{13} lɿ^{21} no^{33} 哎培植来呢 经过哎培植，

bu^{33} do^{21} tɕɿ^{13} sa^{33} sa^{33} 哺生亿众众 无数哺出现，

fu^{33} dɯ^{13} ko^{13} do^{21} lɿ^{33} 王出中生来 王自其中来。

ndʐu^{55} pʻe^{33} tʂʻʅ^{21} lɿ^{21} zɿ^{33} 华卷展来影 展美锦形影，

ndʐu^{55} tʻu^{21} ʑi^{33} lɿ^{21} go^{33} 华椿易也写 绘在椿易上。

k‘u^{33} ma^{21} tu^{13} ʑɯ^{33} sɿ^{33}	权未立也兮	权令未立时，
k‘u^{33} tu^{13} lɪ^{21} ʑɪ^{33} go^{33}	权立来影写	绘影立权令；
tɕ‘o^{21} ma^{21} tʂ‘ɛ^{55} ʑɯ^{33} sɿ^{33}	礼未兴也兮	礼仪未兴时，
tɕ‘o^{21} tʂ‘ɛ^{55} lɪ^{21} ʑɪ^{33} go^{33}	礼兴来影写	绘影兴礼仪。
ʑɪ^{33} bu^{33} tɕ‘o^{13} ts‘ɯ^{21} ts‘ɪ^{13}	哎哺六十代	哎哺六十代，
t‘u^{33} lu^{33} tɕ‘o^{13} ts‘ɯ^{21} dʐo^{33}	宇宙六十居	六十宇宙宫。
t‘u^{33} lu^{33} tɕ‘o^{13} ts‘ɯ^{21} ts‘ɪ^{13}	宇宙六十段	宇宙六十段，
ku^{33} ʑɯ^{33} tɕ‘o^{13} hu^{21} dzɯ^{33}	缩为六百对	缩做六百对，
ndʐu^{55} t‘u^{33} ʑi^{33} lɪ^{21} go^{33}	丽椿易也写	绘在椿易上，
ɣo^{13} t‘u^{33} ʈ‘u^{55} ɣa^{33} lo^{13}	华乾照也了	对照华天图。
su^{21} ʂɛ^{13} lɪ^{21} sɿ^{55} ʑɪ^{33}	者牵列师颖	列师颖牵线，
t‘ɯ^{21} ɣa^{13} lɪ^{21} ʑɪ^{33} dɪ^{13}	地织来影生	织出生影地，

ʑɪ^{33} bu^{33} tɕʻo^{13} tsʻɯ^{21} hɪ^{21}	哎哺六十氏	哎哺六十氏，
tɕʻo^{13} tsʻɯ^{21} ndo^{33} ʐɯ^{33} tu^{13}	六十宫也立	建立六十宫。
ʑɪ^{33} bu^{33} tɕʻo^{13} tsʻɯ^{21} hɪ^{21}	哎出六十氏	出现六十哎，
tɕʻo^{13} tsʻɯ^{21} ndo^{33} ʐɯ^{33} ȵɪ^{33}	六十宫也住	住六十宫里，
sɛ^{55} mi^{55} tsy^{13}	知　识　汲	汲取到知识，
ho^{21} gu^{33} ɬo^{13} lɯ^{55} ɣo^{21}	见识求的有	寻求到见识。
ʑɪ^{33} bu^{33} hɪ^{21} mu^{33} dza̱^{33}	哎哺源的在	哎哺源形成，
tʻu^{13} tʻu^{33} ʑi^{33} tʂʻu^{33} tʂʻu^{33}	丽梼易显显	绘在梼易里。
tʻu^{33} lu^{33} tɕʻy^{13} ɣa^{33} xɛ^{21}	宇宙顶也上	宇宙的高空，
tɕɪ^{13} ʂɛ^{13} tʻu^{33} mi^{33} mu^{33}	星黄乾天高	现灿烂星光。
ʑɪ^{33} bu^{33} ȵɪ^{55} zu^{33} ʑɛ^{33}	哎哺两子长	哎哺两长子，
tʻy^{21} ɣa^{33} ʐɯ^{33} lɪ^{21} ȵɪ^{21}	两子长来坐	两长子来坐。

ȵɪ^{55} sɛ^{55} dzɪ^{13} lɪ^{21} ndy^{55}　两知圣来想　两圣人来想，

ʑɪ^{33} bu^{33} ndy^{55} lɪ^{21} ȵɪ^{13}　哎哺想来看　观察着哎哺。

tu^{13} ndy^{55} tu^{13} dzɪ^{13} dzɪ^{13}　千想千密密　想的成千千，

tɕɪ^{13} ndy^{55} tɕɪ^{13} sa^{21} sa^{21}　亿想亿兆兆　想的上万万，

ne^{33} ndy^{55} kʻɯ^{33} lɪ^{21} mba^{33}　心想口来讲　边想边陈述，

ʑɪ^{33} bu^{33} tɕy^{33} tsʻu^{21} tsʻɪ^{13}　哎哺九十代　哎哺九十代，

ʈʻu^{13} tʻu^{33} ʑi^{33} ɣa^{33} go^{33}　丽椿易上写　记在椿易上。

ɣo^{13} mi^{33} ma^{21} dɯ^{13} sɿ^{33}　丽天未开时　苍天未开时，

mi^{33} mu^{33} ma^{21} ɖu^{21} sɿ^{33}　天状未落兮　不形成天貌，

ndʐu^{55} mi^{13} ma^{21} kʻu^{33} sɿ^{33}　华地未辟兮　大地未辟时，

mi^{13} kʻu^{33} lɪ^{21} ʑɪ^{33} go^{33}　地辟来影写　先绘出地图。

ʑɪ^{33} bu^{33} tɕy^{33} tsʻu^{21} tsʻɪ^{13}　哎哺九十代　哎哺九十代，

tʻu^{33} lu^{33} tɕy^{33} hɪ^{21} dzo̤^{33}　宇宙九霄在　居宇宙九霄，

tʻu^{33} tʻi^{55} tɕy^{33} hu^{33} tsɪ^{13}　乾坤九百段　九百段乾坤，

ku^{33} ʑɯ^{33} tɕy^{33} hu^{21} dzɯ^{33}　缩也九百对　缩做九百对，

ʑɪ^{33} bu^{33} tɕy^{33} tɕi^{13} go^{33}　哎哺九星写　写哎哺九星，

tʻu^{21} ʑi^{33} tɕɪ^{13} ʑɪ^{21} tɕu^{55}　梼易星图传　梼易画天星。

pʻu^{21} ma^{21} tʻu^{55} ʑɯ^{33} sɿ^{33}　田未设也兮　田还未开时，

pʻu^{21} tʻu^{55} lɪ^{21} ʑɪ^{33} go^{33}　田设来影写　先绘出图影；

no^{13} ma^{21} fe^{13} ʑɯ^{33} sɿ^{33}　土未拓也兮　土尚未拓时，

no^{13} fe^{13} lɪ^{21} ʑɪ^{33} go^{33}　土拓来影写　先绘出图影。

ʑɪ^{33} dɯ^{13} tɕy^{33} tsʻɯ^{21} hɪ^{21}　哎出九十氏　九十氏哎哺，

tʻu^{33} lu^{33} tɕy^{33} tsʻɯ^{33} ndo^{33}　宇宙九十宫　宇宙九十宫，

tɕy^{33} tsʻɯ^{33} ndo^{33} ɣa^{21} ɳɪ^{33}　九十宫也在　住在九十宫。

bu^{33} do^{21} tɕy^{33} tsʻɯ^{21} hɪ^{21}	哺出九十氏	哺出九十氏，
tɕy^{33} tsʻɯ^{33} ndo^{33} ʐɯ^{33} ɳɪ^{33}	九十宫也居	居于九十宫。
ʐɪ^{33} bu^{33} tɕy^{33} tsʻɯ^{21} xɯ^{55}	哎哺九十氏	哎哺九十氏，
dɯ^{13} ɳɪ^{33} tʻy^{21} ʐɯ^{33} hɪ^{21}	生乃此也源	根源如此生。
tɕɪ^{13} ʈʻu^{13} lɪ^{21} ʐɯ^{33} pʻu^{21}	星白来也群	像一群明星，
tʻa^{21} zɯ^{33} zɯ^{33} ʐɯ^{33} dɯ^{13}	一闪闪也出	闪闪地发光。
ʐɪ^{33} bu^{33} tɕy^{33} zu^{33} ʐɪ^{33}	哎哺九子巧	哎哺九巧人，
ndzu^{55} mu^{33} ve^{13}	珠 姆 伟	珠姆伟，
ɣo^{21} lɯ^{55} ndɯ^{33} lɪ^{21} ɳɪ^{33}	卧娄斗来呢	卧娄斗二位，
ʐɪ^{33} pʻu^{55} ndzu^{55} mu^{33} ve^{13}	哎父珠姆伟	哎父珠姆伟[17]，
bu^{33} mo^{21} ɣo^{13} lɯ^{55} ndɯ^{33}	哺母卧娄斗	哺母卧娄斗，
ʐɪ^{33} bu^{33} zu^{33} ho^{21} ʂʅ^{33}	哎哺子养育	养育着哎哺，

彝文注音	直译	意译
gɯ^{55} tʻu^{13} sɯ^{55} lɯ^{33} mu^{33}	鹤白象动作	动作像白鹤，
mba^{33} no^{33} ʂɛ^{13} tʂu^{21} ɖɹ^{13}	说如金钟鸣	说话如钟鸣，
ne^{33} no^{33} tɕɪ^{13} pʻu^{21} ndy^{55}	心乃星群想	探索着星群，
ɣo^{13} ȵy^{21} sɯ^{55} lɯ^{21} sɿ^{33}	象鹃青动兮	动作像青鹃，
mba^{33} no^{33} dzɛ^{21} hɛ^{33} sɯ^{55}	说乃鼓响似	说话如鼓响，
mu^{55} no^{33} tɕɪ^{13} tʻu^{13} tsʻu^{55}	授若星白群	传授星知识。
ʑɪ^{33} bu^{33} ʂɛ^{13} tʻu^{13} dzɯ^{55}	哎哺舍图邹	哎哺舍图邹，
ʂɛ^{13} ɣo^{21} ŋgo^{33} ɣa^{21} ȵɪ^{33}	金之门于坐	端坐金门庭，
tɕy^{33} kʻu^{33} mu^{33} ʐɯ^{33} kʻɛ^{55}	九位尊之上	九尊位之上，
tʻu^{55} tsɪ^{13} tʻy^{21} lɪ^{21} tsɪ^{13}	乾分其来分	天由他分辨。
tʻa^{21} tʻu^{55} tʻa^{21} ʑi^{55} tsɪ^{13}	一上一次分	一层分一次，
tɕy^{33} tu^{13} ʑi^{55} dzɛ^{21} dzɛ^{21}	九千花朗朗	天上布繁星，

mi^{55} dzɯ^{21} tɕɪ^{13} lɪ^{21} tsɪ^{13}	文集星来聚	知识星来聚，
tʻu^{55} ɳɪ^{33} ma^{21} ndʐʅ^{33} ndʐo^{21}	上乃无紊乱	天运行有度，
hu^{21} sɯ^{33} ŋgo^{21} ʑɯ^{33} ɳɪ^{33}	明三门也坐	守三道明门，
tʻy^{21} tʻi^{55} tʻy^{21} lɪ^{21} ka^{13}	其下其来识	他来识别地，
hu^{21} tʻi^{55} hɪ^{13} ka^{13} ka^{13}	见坤八茫茫	见茫茫八荒，
gu^{33} ndʐo^{21} bu^{33} ʈʻu^{13} vu^{55}	史行明白聚	明白了地理。
sɛ^{55} mi^{55} tʻu^{55} ɣa^{33} tsy^{13}	知识上也汲	汲天文知识，
ho^{21} gu^{33} tʻi^{55} ɣa^{33} ɬu^{13}	史见下也求	求地理见识，
ʐɪ^{33} bu^{33} sɛ^{55} tʻu^{33} lu^{33}	哎哺识宇宙	哎哺识宇宙，
nɛ^{13} ŋa^{33} hɛ^{21}	春 鸟 鸣	犹如春鸟鸣，
ɕi^{55} mi^{33} tɕʻu^{33} so^{21} sɯ^{55}	七天音悦似	闻声普天乐。
mɛ^{33} na^{33} ɣɯ^{21} ʈʻu^{13} tʻɯ^{33}	锦黑荣白澈	黑暗变光明，

sɛ^{55} ho^{21} gɯ^{55} tʻu^{13} ʈu^{33}　　知识鹤白现　　知识如鹤现。

nu^{33} ɣɯ^{33} xɯ^{21} mɛ^{33} mbu^{55}　　诺讴海尾盖　　《诺讴》如海漫，

ʐɪ^{33} bu^{33} tɕy^{33} tsʻɯ^{21} hɪ^{21}　　哎哺九十氏　　哎哺九十代，

dɯ^{13} ʐɯ^{33} mi^{33} mi^{13} tsʻɪ^{13}　　出也天地代　　与天地同出，

tʻy^{21} no^{33} tʻy^{21} lo^{13} lɯ^{55}　　其乃此是了　　就是这样的。

ʐɪ^{33} dʑy^{33} dzo^{33} ɳɪ^{33} tʻɯ^{55}　　哎举佐乃一　　一代哎举佐，

dʑy^{33} dzo^{33} no^{13} ɳɪ^{33} ɳɪ^{55}　　举佐糯乃二　　二代举佐糯，

no^{13} ɣa^{33} bu^{33} ɳɪ^{33} sɯ^{33}　　糯雅僰乃三　　三代糯雅僰，

bu^{21} tʻɯ^{21} ʐɯ^{33} ɳɪ^{33} ɬi^{33}　　僰投颖乃四　　四代僰投颖，

tʻɯ^{21} ʐɯ^{33} na^{33} ɳɪ^{33} ŋu^{33}　　投颖纳乃五　　五代投颖纳，

na^{33} ɣa^{33} vu^{33} ɳɪ^{33} tɕʻo^{13}　　纳雅武乃六　　六代纳雅武，

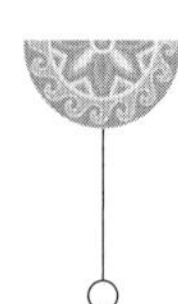

vu^{33} na^{33} ŋa^{33} ȵɪ^{33} ɕi^{55}	武纳安乃七	七代武纳安，
ŋa^{33} ȵɪ^{55} zɪ^{33} ȵɪ^{33} hɪ^{13}	安尼惹乃八	八代安尼惹，
zɪ^{13} na^{33} mu^{33} ȵɪ^{33} tɕy^{33}	惹纳慕乃九	九代惹纳慕，
mu^{33} ʐɪ^{33} bu^{33} ȵɪ^{33} ts‘ɯ^{21}	慕哎哺乃十	十代慕哎哺。
ʐɪ^{33} bu^{33} ts‘ɯ^{21} ts‘ɪ^{13} ʐy^{21}	哎哺十代传	哎哺传十代，
zɪ^{13} ɣa^{33} dʑy^{33} lo^{33} k‘ɯ^{33}	惹也举与到	到惹举时代。
zɪ^{13} dʑy^{33} ȵɪ^{55} mɛ^{13} hɛ^{33}	惹举两名好	惹举的两贤，
ʐɪ^{33} bu^{33} hɪ^{21} ʐɯ^{33} dɯ^{13}	哎哺氏也出	出自哎哺氏，
dzɯ^{21} k‘u^{33} mu^{21} ʐɯ^{33} dʑɛ^{55}	顶位高也升	升到高空去。
t‘u^{33} lu^{33} vɛ^{21} la^{33}	宇 宙 横 上	在宇宙上空，
t‘u^{13} ndo^{33} so^{21} ʐɯ^{33} ȵɪ^{33}	银宫华也坐	华天宫里坐。
t‘u^{13} p‘u^{55} ʂɛ^{13} mo^{21} ndʐɯ^{55}	银父金母交	日月相配合，

k‘o21 k‘o21 ɬi33 zu33 ʐɪ33　堂堂四子灵　堂堂四神人，

t‘y21 ɬi55 dʐa̧33 ʐɯ33 du33　其生在了者　就此产生了。

ts‘ɯ21 tɕɪ13 lu33 lɪ21 p‘u21　十星来属开　开十属相星，

ts‘ɯ21 ɣa33 n̡ɪ55 du̧33 du̧33　十有二样样　有十二属相，

ʐɪ33 bu33 hɪ21 ʐɯ33 dɯ13　哎哺源也出　源出于哎哺。

dɯ13 n̡ɪ33 dʑi21 ʐɪ33 dɪ13　产乃日影生　带着日影出，

fe13 k‘u33 k‘u33 lo13 lɯ55　权势势长了　成显赫权势，

k‘u33 k‘u33 hu21 ʐɯ33 tʂ‘o55　权势禄也随　权势带荣禄，

t‘y21 tʂ‘o55 tɕi13 sa21 sa21　其随亿兆兆　带不计其数。

k‘u33 dʑi21 ʐɯ33 ʈ‘u13 ku33　权威也玉符　权威和玉符，

ʈ‘u13 ku33 dʑi21 ʐɪ33 dɪ13　玉符日影带　玉符如日辉，

tɕɪ13 ʐɪ33 dɪ13 mu33 dʐo̧21　星影生之状　如星光一样。

sɛ^{55} mi^{55} zu^{33} k‘u^{33} nu^{33}　　知识子计多　　足智者多谋，

ne^{33} ʐɯ^{33} k‘u^{33} k‘o^{21} ndy^{55}　　心也权威想　　想只想威权，

dʐy^{21} ʐɯ^{33} ʈ‘u^{13} dʐi^{21} ts‘o^{13}　　体也银日照　　太阳照身躯，

ʈ‘u^{55} ʐɯ^{33} ʂɛ^{13} hu^{21} bu^{21}　　容也金月映　　月亮映面容，

k‘ɯ^{33} ʐɯ^{33} ‘ku^{33} k‘u^{33} tsɪ^{13}　　口也权势论　　口里论权势，

ɬu^{13} ʐɯ^{33} k‘u^{33} k‘u^{33} ɖɪ^{13}　　舌也权势吐　　舌头吐权势。

ʐɪ^{33} bu^{33} tɕy^{33} ts‘ɯ^{21} ts‘ɪ^{13}　　哎哺九十代　　哎哺九十代，

ne^{33} ndy^{55} k‘ɯ^{33} lɪ^{21} mba^{33}　　心想口来讲　　边想边陈述，

na^{33} ho^{33} la^{13} lɪ^{21} go^{33}　　眼见手来写　　眼看手来写。

ʐɪ^{33} bu^{33} dʐy^{33} sɛ^{55} dzɪ^{13}　　哎哺举奢哲　　哎哺举奢哲⑱，

ndy^{55} dzɪ^{13} no^{33} k‘o^{21} hɛ^{33}　　想密乃所美　　想的都完美，

k‘o^{21} hɛ^{33} hɪ^{13} ŋgu^{21} ka^{13}　　凡美八卦分　　在八卦上分，

注音	直译	意译
hɪ^{13}ŋgu^{21}no^{33}kʻu^{33}nu^{33}	八卦乃权多	八卦多权威。
tɪ^{21} nu^{33} no^{33}sɛ^{55} go^{33}	重多者识写	写卦的知识，
sɛ^{55} go^{33} la^{13} vu^{33} vu^{33}	知写手速速	飞快地写着，
tʻu^{13}tʻu^{33}ʑi^{55} lɯ^{21}lɯ^{21}	银梼易朗朗	著生辉梼易，
tɕɪ^{13}sɛ^{55}ʑi^{55} dzɛ^{21} dzɛ^{21}	星识花朗朗	星文花朗朗，
kʻu^{33}kʻu^{33}mu^{33}bi^{21}zy^{55}	权威高顶齐	权威高齐天。
sɛ^{55} ho^{21} tʻɪ^{13} le^{33} bu^{21}	知见卷册开	开知识卷册，
tɕy^{33}tu^{13} ndy^{55}dzɪ^{13} dzɪ^{13}	九千思密密	想深邃高天，
hɪ^{13} hɪ^{21} ŋgu^{21}ka^{13} ka^{13}	八万索广广	探茫茫大地。
kʻo^{33} kʻo^{33} hɪ^{21}ʑɯ^{33}ȵɪ^{33}	堂堂室里呢	居堂皇屋里，
tʻu^{13} pʻu^{21}zu^{33} tsʻɯ^{21} ȵɪ^{55}	白人子十二	十二位天人，
tʻu^{33} lu^{33} ʻtʻa^{21}dɯ^{13} kɪ^{13}	宇宙一处点	点宇宙一处，

kʻo^{21} ʻko^{21} tʻa^{21} xɯ^{33} tso^{21}	堂堂一姓教	教堂堂一姓，
sɛ^{55} ho^{21} mi^{33} mi^{13} tsʻɪ^{13}	知见天地代	知识天地经，
tʻu^{33} tʻi^{55} tɕɪ^{13} ɣa^{33} dʐa^{33}	上下根也在	根生乾坤中。
ʑɪ^{33} dɯ^{13} lɪ^{33}	哎 出 来	哎出现，
bu^{33} do^{21} lɪ^{33}	哺 生 来	哺产生，
tʻu^{33} lu^{33} dɯ^{13} ʑɯ^{33} mbu^{55}	宇宙生也满	宇宙也圆满。
kʻu^{33} kʻu^{33} ʑɪ^{33} bu^{33} hɪ^{21}	权势哎哺根	哎哺权势根，
dʐa^{33} lo^{13} lu^{33} ŋɯ^{21} vi^{33}	样了嘛是也	说的是这样。
tʻu^{13} ndo^{33} so^{21} ʑɯ^{33} zy^{55}	银宫华也创	建立华天宫，
mu^{55} kʻu^{33} hɛ^{33} ɣo^{21} su^{13}	臣令美得者	得美令的臣，
ʑɪ^{33} bu^{33} zu^{33} ndy^{55} dzɪ^{13}	哎哺子谋善	哎哺善谋者，
tʻu^{33} lu^{33} dɯ^{13} ʑɯ^{33} ɳɪ^{33}	宇宙处也住	住在宇宙间，

tʻy^{21}no^{33}tʻy^{21}lo^{13}lɯ^{55}　其乃此是了　就是这样的。

ʑɪ^{33}ʑɯ^{33}tɕɪ^{13}ȵɪ^{33}tʻɯ^{55}　哎颖吉乃一　一代哎颖吉，

tɕɪ^{13}ʑɯ^{33}dzɛ^{21}ȵɪ^{33}ȵɪ^{55}　吉颖则乃二　二代吉颖则，

dzɛ^{21}a^{21}ndʐɛ^{21}ȵɪ^{33}sɯ^{33}　则阿哲乃三　三代则阿哲，

a^{21}ndʐɛ^{21}bu^{33}zu^{33}ɬi^{33}　阿哲僰汝四　四代阿哲僰汝，

bu^{33}zu^{33}sɯ^{33}ɣo^{21}ŋu^{33}　僰汝叟俄五　五代僰汝叟俄，

sɯ^{33}ɣo^{21}a^{21}ʈʻe^{13}tɕʻo^{13}　叟俄阿泰六　六代叟俄阿泰，

a^{21}ʈʻe^{13}dɯ^{21}tɕi^{13}ɕi^{55}　阿泰德纪七　七代阿泰德纪，

dɯ^{21}tɕi^{13}ɣɯ^{21}ʂʅ^{33}hɪ^{13}　德纪厄使八　八代德纪厄使，

ɣɯ^{21}ʂʅ^{33}dzɯ^{55}lɯ^{21}tɕy^{33}　厄使邹娄九　九代厄使邹娄，

dzɯ^{55}lɯ^{21}ɬo^{33}va^{13}tsʻɯ^{21}　邹娄鲁旺十　十代邹娄鲁旺。

注音	直译	意译
ʐɿ33 bu33 ts‘ɯ21 ts‘ɿ13 ʑy21	哎哺十代传	哎哺传十代，
dzɯ55 lɯ21 ɬo33 ɣa13 k‘ɯ33	邹娄鲁旺到	到邹娄鲁旺。
ɬo33 va13 ȵɿ55 mɛ13 hɛ33	鲁旺两名好	朵旺的两贤，
ʐɿ33 bu33 hɿ21 ʐɯ33 dɯ13	哎哺氏也出	出自哎哺氏。
dzɯ21 k‘u33 mu21 ʐɯ33 dʐɛ55	顶位高以升	升到高位上，
t‘u33 lu33 vɛ21 la33	宇宙横上	在宇宙上空，
t‘u13 ndo33 so21 ʐɯ33 ȵɿ33	银宫华也住	华天宫里住。
t‘u13 mi33 t‘u13 mi13 tɕɿ13	银天银地里	明亮天地间。
t‘u13 zy55 t‘a21 gu21 ts‘o13	银俑一群塑	塑一群银俑，
ʂɛ13 bu33 ta21 tʂ‘ɛ21 ndo33	金偶一堂雕	雕一堂金偶。
t‘u13 zy55 nɯ13 mu33 hɛ13	银俑雾的穿	银俑身穿雾，
ʂɛ13 bu33 t‘u13 tɕ‘y13 dzo33	金偶银角生	金偶生银角。

ʈ‘u^{13} bu^{33} t‘a^{21} ndo^{33} ndzu^{33}	银偶一宫主	管一宫银偶，
ʂɛ^{13} bu^{33} nɯ^{21} lɯ^{55} ndɯ^{33}	金偶红裙系	金偶系红裙。
bu^{33} ʈ‘e^{13} ʂɛ^{13} tɕ‘y^{13} dzo^{33}	偶变金光生	偶变生金光，
ʂɛ^{13} ʔu^{33} ʂɛ^{13} ʈ‘u^{55} dɪ^{13}	金头金面带	金头金面容。
ʑɪ^{33} p‘u^{55} ʈ‘u^{13} ndzu^{21} dzo^{33}	哎父银髻椎	哎父椎银髻，
bu^{33} mo^{21} ʂɛ^{13} ʈ‘ɯ^{55} dɪ^{13}	哺母金辫编	哺母编金辫，
ʈ‘ɯ^{55} mo^{21} mo^{21} mu^{33} dʐo^{21}	辫样样的有	有多样辫子。
ʑɪ^{33} bu^{33} lɯ^{55} t‘o^{21} ʑɯ^{33}	哎哺上下里	哎哺阴阳合，
ɬo^{33} va^{13} zu^{33} ts‘ɯ^{21} n̥ɪ^{55}	祺祥子十二	祺祥十二子，
t‘ɯ^{13} no^{33} sɛ^{55} ɬo^{33} va^{13}	叙才知祺祥	叙知识棋祥。
sɛ^{55} ndy^{55} ho^{21} ndʑo^{33} nɪ^{33}	知爱识慕心	爱慕着知识，
ʑɪ^{33} dɯ^{13} lɪ^{21} ɬo^{33} va^{13}	哎出来祺祥	哎出现祺祥，

tʻɯ^{13} no^{33} ho^{21} ɬo^{33} va^{13}	叙乃见祺祥	叙述得祺祥，
sɛ^{55} hɪ^{21} hɛ^{33}	知 源 好	颂美好知识，
ho^{21} pʻi^{21} ʈʻɯ^{55} ɬo^{33} va^{13}	史章展祺祥	定祺祥规章。
tʻɯ^{13} no^{33} zɛ^{21} ɬo^{33} va^{13}	叙乃寿祺祥	叙则寿祺祥，
ma^{21} hɪ^{21} zɛ^{21} ɬo^{33} va^{13}	无穷寿祺祥	无穷寿祺祥。
zɛ^{21} ʑy^{33} dʐɯ^{33}	寿 朗 诵	朗诵着寿命，
kʻa^{33} pʻi^{21} ʈʻɯ^{55} ɬo^{33} va^{13}	命章展祺祥	定祺祥寿命。
ndzu^{33} dɯ^{13} lɪ^{33}	君 生 来	君产生，
mu^{55} do^{21} lɪ^{33} ɣa^{21} no^{33}	臣现来也呢	臣出现之后，
tʻɯ^{13} no^{33} ndzu^{33} ɬo^{33} va^{13}	叙乃君祺祥	叙则君祺祥，
ndzu^{33} fe^{13} ʂu^{55} ɬo^{33} va^{13}	君政施祺祥	君施政祺祥；
tʻɯ^{13} no^{33} mu^{55} ɬo^{33} va^{13}	叙乃臣祺祥	叙则臣祺祥，

彝文读音	直译	意译
mu^{55} k'u^{33} k'ɪ^{33} ɬo^{33} va^{13}	臣权行祺祥	臣行权祺祥；
sɛ^{55} ʑy^{33} dʐɯ^{33}	知 朗 诵	朗诵知识，
ho^{21} p'i^{21} ʈ'ɯ^{55} ɬo^{33} va^{13}	史章展祺祥	赋祺祥华章，
t'ɯ^{13} no^{33} pu^{13} ɬo^{33} va^{13}	叙乃师祺祥	叙则师祺祥，
pu^{13} ɲɪ^{13} tʂa^{55} ɬo^{33} va^{13}	师祖祭祺祥	师祭祖祺祥。
t'ɯ^{13} no^{33} k'u^{33} ɬo^{33} va^{13}	叙乃威祺祥	叙则威祺祥，
k'u^{33} ɲo^{21} k'u^{33} ɬo^{33} va^{13}	祺祥有威势	棋祥有威势。
k'u^{33} ɲo^{21} k'u^{33} tɕy^{33} tsɪ^{13}	威内威九级	威权有九级，
k'u^{33} su^{13} tɕy^{33} ʑo^{21} ɲɪ^{21}	威者九位坐	坐九位权威。
mi^{33} ʈ'u^{13} tʂɯ^{55} hɛ^{33} ʂu^{21}	天白收好治	善治理苍天，
p'u^{55} lɪ^{21} hɪ^{21} ɬo^{33} va^{13}	揭与天祺祥	揭开祺祥天，
t'ɯ^{13} no^{33} hu^{21} ɬo^{33} va^{13}	叙乃势祺祥	叙威势祺祥。

hu^{21} su^{13} hɪ^{13} ʑo^{55} ȵɪ^{21}	势者八位住	八位有威势，
hu^{21} ȵo^{33} hu^{21} bi^{21} bi^{33}	势内势顶顶	威势高到顶，
hu^{21} na^{33} ʂo^{13} vɛ^{55} vɛ^{21}	势大理层层	把威势理顺。
kɛ^{55} p‘u^{55} tɕi^{13} ndzu^{21} dzo^{33}	贵父星髻生	贵父生星髻，
kɛ^{55} mo^{21} tɕi^{13} ʈ‘ɯ^{55} dɪ^{13}	贵母星辫编	贵母编星辫，
kɛ^{55} dʑy^{21} kɛ^{55} sɯ^{33} dzo^{33}	贵躯贵心生	贵躯生贵心，
kɛ^{55} sɯ^{33} kɛ^{55} la^{13} t‘a^{33}	贵心贵手锐	心灵和手巧，
kɛ^{55} tɕ‘u^{33} kɛ^{55} ɬu^{13} ȵɪ^{21}	贵音贵舌有	有贵的声音，
kɛ^{55} ʐɯ^{33} ɬo^{33} va^{13} ndy^{55}	贵也祺祥想	想祺祥为贵，
ndy^{55} hu^{21} su^{13} ɬo^{33} va^{13}	深思者祺祥	深思者祺祥。
ʈ‘u^{13} t‘u^{33} ʑi^{55} lɯ^{21} lɯ^{21}	银棒易耀耀	祷易有光辉，
su^{33} ʂɛ^{13} t‘ɪ^{13} le^{33} bu^{21}	文金卷册开	黄卷自打开，

ɬo^{33} va^{13} tu^{13} bi^{21} zy^{55}　　祺祥千始起　　生千般祺祥。

sɛ^{55} ɣa^{33} ho^{21} ɬo^{33} va^{13}　　知与识祺祥　　祺祥的知识，

t‘a^{21} xɯ^{33} ʑɪ^{33} dɯ^{13} hɪ^{21}　　一姓哎产生　　由哎来产生，

bu^{33} do^{21} hɪ^{21} mu^{33} dʑa^{33}　　唷出现形成　　哺出时形成，

t‘y^{21} no^{33} t‘y^{21} lo^{13} lɯ^{55}　　其乃此是了　　就是这样的。

ʑɪ^{33} ʑɯ^{33} zɛ^{21} ȵɪ^{33} t‘ɯ^{55}　　哎颖惹乃一　　一代哎颖惹，

zɛ^{21} ȵy^{21} ȵy^{33} ȵɪ^{33} ȵɪ^{55}　　惹女女乃二　　二代惹女女，

ȵy^{21} t‘u^{33} lu^{33} ȵɪ^{33} sɯ^{33}　　女土鲁乃三　　三代女土鲁，

t‘u^{33} lu^{33} ɣo^{21} ȵɪ^{33} ɬi^{13}　　土鲁俄乃四　　四代土鲁俄，

ɣo^{21} ʑɯ^{33} tɕa^{33} ȵɪ^{33} ŋu^{33}　　俄颖贾乃五　　五代俄颖贾，

tɕa^{33} ɣa^{33} vu^{33} ȵɪ^{33} tɕ‘o^{13}　　贾雅武乃六　　六代贾雅武，

vu^{33} ɣa^{33} vɛ^{21} ɲɹ^{33} ɕi^{55}	武雅温乃七	七代武雅温，
vɛ^{21} bu^{21} lu^{21} ɲɹ^{33} hɹ^{13}	温部鲁乃八	八代温部鲁，
bu^{21} lu^{21} ndɹ^{21} ɲɹ^{33} tɕy^{33}	布鲁氏乃九	九代布鲁氏，
ndɹ^{21} so^{21} ʑi^{55} hɹ^{21} tsʻɯ^{21}	氏索依恒十	十代氏索依恒。
ʑɹ^{33} bu^{33} tsʻɯ^{21} tsʻɹ^{13} ʑy^{21}	哎哺十代传	哎哺传十代，
lɯ^{21} ʔu^{33} ʑɛ^{33}	娄 武 耶	到了娄武耶[19]、
lɹ^{21} ţʻu^{55} fi^{13} ɣa^{13} kʻɯ^{33}	列通菲也到	列通菲时代[20]。
lɯ^{55} lɹ^{21} ɲɹ^{55} hɹ^{21} hɛ^{33}	娄列二根好	娄列好根基，
ʑɹ^{33} bu^{33} hɹ^{21} ʑɯ^{33} ʂʅ^{33}	哎哺源于始	源于哎哺氏。
dʑɯ^{21} kʻu^{33} mu^{21} ʑɯ^{33} dʑɛ^{55}	顶位高于升	升到高位上，
tʻu^{33} lu^{33} vɛ^{21} la^{33}	宇 宙 横 上	在宇宙上空，
ţʻu^{13} ndo^{33} so^{21} ʑɯ^{33} ɲɹ^{33}	银宫华也住	华天宫里住。

t‘u^{13} dʑi^{21} t‘u^{13} hu^{21} tʂo^{13}　　银日银月转　　转动银日月，

ʔu^{33} ʑɯ^{33} tɕy^{33} ts‘ɯ^{33} p‘u^{21}　　头也九十原　　头如九十平原大，

t‘u^{55} ʑɯ^{33} ɕi^{55} dʑi^{21} ts‘o^{13}　　面也七日照　　七个太阳照面容，

dʑy^{21} ʑɯ^{33} ɕi^{55} hu^{21} bu^{21}　　身也七月映　　七个月亮映身躯。

t‘u^{33} lu^{33} lɪ^{33}　　宇 宙 来　　宇宙中，

t‘y^{21} t‘a^{33} ʐo^{21} tɯ^{55} ɲɪ^{21}　　其一人只坐　　只够他来坐，

hɪ^{21} ndzɯ^{21} lɯ^{55} ʑɯ^{33} ɖɯ^{21}　　天沿顶也飞　　在天上飞着。

zɪ^{33} bu^{33} tɕy^{33} ts‘ɯ^{21} hɪ^{21}　　九十哎哺氏　　九十哎哺氏，

tɕy^{33} ts‘ɯ^{33} zɪ^{33} dɯ^{13} ko^{33}　　九十颖出管　　九十人管理。

t‘u^{33} tɕy^{33} tɪ^{21} ʑɯ^{33} dʐo^{33}　　上九重也居　　居于九重霄，

sɛ^{55} mi^{55} tsɪ^{13} dzɪ^{13} dzɪ^{13}　　知识集密密　　收集广泛的知识，

ho^{21} gu^{33} ka^{13} ka^{33} ka^{33}　　见识整麻麻　　整理丰富的见识。

ʐɪ^{33} bu^{33} tɕy^{33} tsʻɯ^{21} hɪ^{21}　　哎哺九十氏　　九十氏哎哺，

tʻu^{33} lu^{33} la^{33} ʐɯ^{33} dʐo^{33}　　宇宙上也在　　居于宇宙上，

lo^{13} lɯ^{55} dɪ^{13} dʐa^{33} vi^{21}　　是的者如焉　　就是如此的。

ʐɪ^{33} bu^{33} mi^{33} mi^{13} tsʻɪ^{13}　　哎哺天地代　　哎哺天地经，

hɪ^{21} tʻɯ^{21} ʈʻu^{13} ɣa^{33} tɕɪ^{13}　　乾坤照也星　　明星照乾坤，

ma^{21} tʻɯ^{13} no^{33} ma^{21} dʐu^{33}　　不说乃不闻　　不说不知道，

tʻɯ^{13} no^{33} tʻy^{21} ɣa^{33} su^{55}　　叙乃此也终　　到此就结束，

dɯ^{55} ɣa^{33} dɪ^{13} tɯ^{33} ŋɯ^{33}　　说也者就是　　是这样说的。

ʐɪ^{33} bu^{33} mo^{21} ȵɪ^{33} tʻɯ^{55}　　哎哺莫乃一　　一代哎哺莫，

mo^{21} mo^{21} so^{21} ȵɪ^{33} ȵɪ^{55}　　莫莫索乃二　　二代莫莫索，

so^{21} ɣa^{33} lɯ^{21} ȵɪ^{33} sɯ^{33}　　索雅娄乃三　　三代索雅娄，

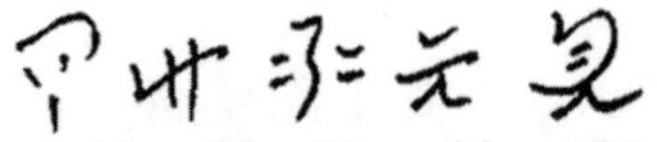
lɯ^{21} ɣa^{33} ʑɪ^{33} ɳɹ^{33} ɬi^{33} 娄雅哎乃四 四代娄雅哎，

ʑɪ^{33} ɣa^{33} ʑi^{21} ɳɹ^{33} ŋu^{33} 哎雅夷乃五 五代哎雅夷，

ʑi^{21} ɣa^{33} no^{13} ɳɹ^{33} tɕʻo^{13} 夷雅诺乃六 六代夷雅诺，

no^{13} ɣa^{33} no^{13} ɳɹ^{33} ɕi^{55} 诺阿努乃七 七代诺阿努，

a^{33} no^{13} kʻu^{33} ɳɹ^{33} hɪ^{13} 阿努库乃八 八代阿努库，

ku^{33} ɣa^{33} ndy^{55} ɳɹ^{33} tɕy^{33} 库雅氏乃九 九代库雅氏，

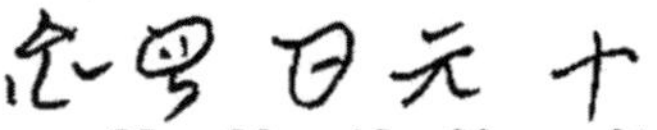
ndy^{55} ʔu^{33} ʈʻu^{13} ɳɹ^{33} tsʻɯ^{21} 氏武图乃十 十代氏武图。

ʑɪ^{33} bu^{33} tsʻɯ^{21} tsʻɪ^{13} ʑy^{21} 哎哺十代传 哎哺传十代，

ndy^{55} ʔu^{33} ʈʻu^{13} lo^{33} kʻɯ^{33} 氏武图与到 到了氏武图，

tʻɯ^{13} tʻy^{21} dʑa^{33} ʑɯ^{33} du^{55} 叙此样也止 都叙述完了。

注释：

① 哎哺：又译作“野哺”“影哺”“夷奭”等，有影形、八卦名、物质名、远古部族名等含义，这里指远古部族名。

② 珠侯卧侯：珍珠和碧玉般美丽的湖泊或海洋，“卧侯”一般指云南洱海。

③ 则咪：从哎哺氏族分支的一个氏族，则咪氏族后分支出武侯氏族。
④ 娄苦姆：哎哺氏族的女首领名，以地位高的意思来取名。
⑤ 列洪耶：哎哺氏族的女首领名，以名望大的意思来取名。
⑥ 采舍氏：由哎哺产生的第一个氏族。
⑦ 娄师颖：哎哺氏族的女首领名，也是传说中的圣人，传说她与男性首领郎多诺一起开天辟地。
⑧ 阿莫：原是对首领的称呼，后来变为一种职官名，又由职官名演化为家族名，如阿莫侯舍家、阿莫赤勾家等。
⑨ 仇娄阿摩：人名，彝族仇素（苏）支系的祖先，发祥于今云南省昭通市与贵州省威宁彝族回族苗族自治县之间。
⑩ 智慧神：由知识神吐足佐和见闻神舍啻帝组成，知识神吐足又名布爽举（耿）奢哲，见闻神又名恒依阿迈妮。
⑪ 俦珐：古代氏族名，其谱系连着沽氏族，属于精神旺盛和发展繁荣的氏族，故俦珐是力量和发展之神的名称。
⑫ 梼易：又作"特依"，是书籍、典籍文献、纸张之意，传说是记录哎哺氏族活动大事的著作。
⑬ 洛慕能：指所有事物的源头，即事物之母，是十二洛姆能之一。洛姆能又作为布摩名字，是哎哺时期布摩中的代表人物之一。
⑭⑮ 惹蒙蒙、卡蒙蒙：人名，哎哺氏族中的长寿者，演化为寿命之神的名字。
⑯ 糯氏：哎哺氏族中的亚氏族名，作为善战与尚武的氏族，演化为战神和武力之神的名字。
⑰ 珠姆伟：人名，哎哺氏族中的男性盛装长者。
⑱ 举奢哲：又称布爽举（耿）奢哲，哎哺时期的圣人，相传他同恒依阿迈妮合作，写下了无数的彝文经典。
⑲ 娄武耶：人名，哎哺时期的女首领，她的名字直译作"魁首女"，认为魁首者聪慧俊美。
⑳ 列通菲：人名，哎哺时期的女首领，她的名字直译作"面阔女"，认为面阔者有魄力和魅力。

ʑɹ^{33} bu^{33} ts'ɹ^{13} du^{55}

哎 哺 佚 史

du^{33} ɣa^{33} ȵy^{21} ȵɹ^{33} t'ɯ^{55}　　堵雅尼乃一　　一代堵雅尼，

ȵy^{21} t'u^{33} su^{55} ȵɹ^{33} ȵɹ^{55}　　尼妥苏乃二　　二代尼妥苏，

su^{55} ɣa^{33} nɯ^{55} ȵɹ^{33} sɯ^{33}　　苏雅诺乃三　　三代苏雅诺，

nɯ^{55} ɣa^{33} ko^{13} ȵɹ^{33} ɬi^{33}　　诺雅果乃四　　四代诺雅果，

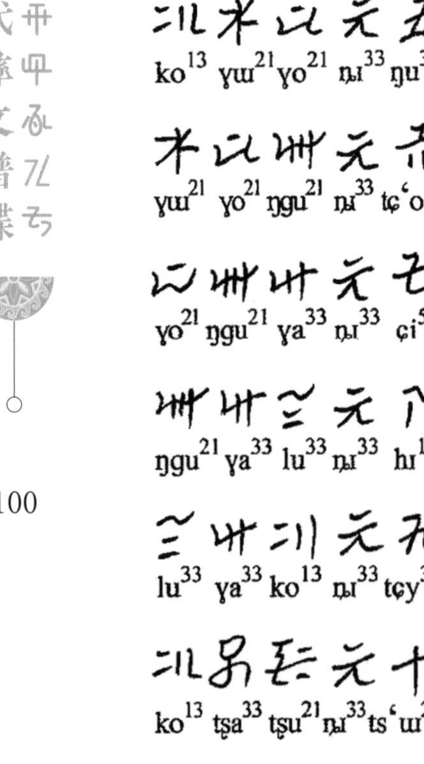

ko^{13} ɣɯ^{21} ɣo^{21} ȵɹ^{33} ŋu^{33}　　果遏俄乃五　　五代果遏俄，

ɣɯ^{21} ɣo^{21} ŋgu^{21} ȵɹ^{33} tɕ'o^{13}　　遏俄谷乃六　　六代遏俄谷，

ɣo^{21} ŋgu^{21} ɣa^{33} ȵɹ^{33} ɕi^{55}　　俄谷雅乃七　　七代俄谷雅，

ŋgu^{21} ɣa^{33} lu^{33} ȵɹ^{33} hɹ^{13}　　谷雅鲁乃八　　八代谷雅鲁，

lu^{33} ɣa^{33} ko^{13} ȵɹ^{33} tɕy^{33}　　鲁雅果乃九　　九代鲁雅果，

ko^{13} tʂa^{33} tʂu^{21} ȵɹ^{33} ts'ɯ^{21}　　果札祝乃十　　十代果札祝。

ndzɯ^{21} mi^{55} vu^{33} xɯ^{21} kʻɯ^{33}	则咪武侯到	到则咪武侯，
kʻu^{33} mu^{33} mɛ^{13} hɛ^{33}	威 高 名 好	他德高望重，
ʑɪ^{33} bu^{33} hɪ^{21} ɣa^{33} dɯ^{13}	哎哺氏以出	出自哎哺氏。
ndzɯ^{21} mi^{55} ʑɪ^{33} ɣa^{33} ndʑo^{33}	则咪颖也过	出了则咪颖，
tʻo^{21} ʂɿ^{21} ndo^{21} ʑɯ^{33} ɳɪ^{33}	地底宫也坐	住在宫殿里。
tʻo^{21} ʂɿ^{21} tʻa^{21} ndo^{21} so^{21}	地底一宫华	地上一华宫，
ɣo^{13} mi^{33} ɣo^{13} pʻo^{21} pʻo^{21}	丽天丽茫茫	碧天气象新，
ɣo^{13} lɯ^{55} ɣo^{13} mɛ^{33} ɣa^{13}	丽女丽锦织	娇女织锦帛，
ɣo^{13} ɬa^{13} ɣo^{13} ŋɛ^{21} dɛ^{33}	丽男丽铜冶	健男冶青铜。
ɣo^{13} pʻu^{55} ɣo^{13} hɪ^{21} tsɪ^{13}	丽耄丽天断	圣长识天文，
ɣo^{13} ne^{33} ɣo^{13} hu^{21} ka^{13}	丽心丽月判	慧心探皓月。
sɛ^{55} mi^{55} tu^{13} dzɪ^{13} dzɪ^{13}	知识千计计	知识数千计，

zɪ^{33} bu^{33} hɪ^{21} ʑɯ^{33} dɯ^{13}　　哎哺源于出　　来源于哎哺，

tʻy^{21} no^{33} tʻy^{21} lo^{13} lɯ^{55}　　其乃此是了　　就是这样的。

tʻy^{21} ʂʅ^{33} ʑɯ^{33} ɣɯ^{55} tʻu^{55}　　其先之古时　　在远古时候，

ʔu^{33} tsʻo^{33} dʐo^{21} ʑɯ^{33} su^{13}　　人类在也者　　人类的生存，

tsʻo^{21} ɲɪ^{33} mi^{13} ma^{21} sɛ^{55}　　人乃地不识　　不了解地理，

mi^{13} ɲɪ^{33} tsʻo^{21} ma^{21} sɛ^{55}　　地乃人不识　　不掌握地理。

dʑy^{33} ɲɪ^{55} dzɯ^{55} gɯ^{21} gɯ^{21}　　野兽花斑斑　　遍地是野兽，

tsʻo^{21} no^{33} se^{33} ʑɯ^{33} dʐɛ^{55}　　人乃树也挂　　人居于树上，

ɲɪ^{55} no^{33} tsʻo^{21} tɯ^{13} dʐo^{21}　　兽乃人伴在　　人与兽混处。

tsʻo^{21} ɣa^{33} ɲɪ^{55} lo^{13} lɯ^{55}　　人也兽是的　　人与兽不分，

ɲɪ^{55} dʐɯ^{33} tsʻo^{21} tʂʻo^{55} dʐo^{21}　　兽畜人随在　　人同兽混杂，

ts‘o21 dɯ13 ḍu21 do21 pa33	人出人生伴	人与人结伴。
t‘y21 t‘u55 lu21 ʐɯ33 ko33	那时间也在	在那个时候，
ʑɪ33 sɛ55 dʐy33 nu33 dzo33	哎奢举智在	智者哎奢举①，
sɯ21 k‘o13 ndy55	三 年 想	思考了三年，
sɯ21 hu21 li21	三 月 探	探索了三月，
ʂɿ21 ŋgo21 mu55 k‘ɯ33 mu21	兴聘穆魁作	开始聘穆魁②。
ʂɿ33 mu55 kɯ33 la13 k‘ɯ33	首穆魁手到	第一穆魁时，
ʂɿ33 ka13 no33 to13 tʂ‘ɛ55	草枝乃火点	以草木点火，
to13 tʂ‘ɛ55 no33 ɳɪ55 pɛ55	火点乃兽避	有火兽逃避。
tɛ13 tɕɪ13 ɣa33 k‘o13 hu21	云星也岁月	云星顺岁月，
t‘y21 t‘u55 ndʐụ33 ma21 ndʐọ21	其时错无乱	时节无错乱。
ʑi21 ŋgo21 no33 ɬɛ13 kɯ55	水退乃船渡	水退就行船，

fɛ^{21} ŋgo^{21} ʑi^{21} bo^{33} vi^{21}	旱退河岸耕	干旱耕河岸，
bo^{21} ŋgo^{21} xɯ^{21} nɯ^{21} dɪ^{13}	山退湖萌带	山退湖萌生。
ʑi^{21} tɕy^{33} k'ɛ^{21} mɛ^{33} p'u^{21}	河九条尾凿	疏通九条河，
tɕɪ^{13} ʐɯ^{33} t'a^{21} t'u^{55}	先 之 一 时	开始的时候，
t'a^{21} k'ɛ^{21} fu^{13} ɬo^{13} lɯ^{55}	一条分西往	分一条往西，
go^{13} ɣa^{33} tɕi^{13} tʂu^{33} dzy^{21}	曲往纪杼汇	曲折汇纪杼③，
tɕu^{55} ʐɯ^{33} t'y^{21} t'a^{21} k'ɛ^{21}	次之它一条	第二条河流，
fu^{13} ʐɯ^{33} sɿ^{55} ʐa^{13} ndʐo^{33}	一条溪亚过	它流经溪亚，
ɕɪ^{33} tɕu^{13} tʂu^{33} ko^{13} dzy^{21}	溪觉杼阁汇	汇入溪觉杼阁。
t'a^{21} k'ɛ^{21} se^{33} ʂɿ^{33}	一 条 森 史	一条森史河，
t'a^{21} k'ɛ^{21} tɕa^{33} mo^{21} ndʐo^{33}	一条贾沫过	一条是贾沫，
t'a^{21} k'ɛ^{21} fu^{13} fu^{33}	一 条 负 辅	一条是负涪，

t‘a^{21} k‘ɛ^{21} fu^{13} pɛ^{55}	一 条 负 白	一条是负白，
t‘a^{21} k‘ɛ^{21} tɕi^{13} kɛ^{55}	一 条 纪 陔	一条是纪陔，
t‘a^{21} k‘ɛ^{21} ŋo^{13} tsɿ^{13}	一 条 厄 孜	一条是厄孜。
ʑi^{21} ʑɛ^{33} tʂ‘ʅ^{21} tɕy^{33} k‘ɛ^{21}	河大这九条	这九条大河，
ʑi^{21} tɕy^{33} k‘ɛ^{21} mɛ^{33} p‘u^{21}	水九条尾凿	悉数被疏通，
dɯ^{55} ɣa^{33} dɿ^{13} tɯ^{33} ŋɯ^{33}	说也者就是	是这样说的。

t‘y^{21} lo^{33} vu^{33} ɣo^{21} no^{33}	其了远后呢	从此以后呢，
mi^{13} ko^{33} dɛ^{21} ʑɯ^{33} ɣo^{21}	地里界也有	地上有界限。
mi^{13} ʑɯ^{33} ɖu^{21} dzu^{21} su^{13}	地也人住者	地上的人们，
ɣo^{21} mo^{21} ɣo^{21} ma^{21} dzu^{33}	食物得不吃	没有粮食吃，
ʂʅ^{33} mo^{21} se^{33} mo^{21} dzu^{33}	草籽树果吃	吃的是野果，

ve^{13} no^{33} ɳɪ^{55} ndʑi^{21} ve^{13}	穿乃兽皮穿	穿的是兽皮。
t‘y^{21} t‘u^{55} lu^{21} ʑɯ^{33} ko^{33}	其时间也里	在那个时候，
gu^{33} ɬo^{13} t‘y^{21} ma^{21} sɛ^{55}	耕牧其不知	不懂得耕牧。
gu^{33} t‘u^{55} ɣa^{33} ɬo^{13} tʂ‘ʅ^{21}	耕时和牧节	农牧的季节，
ʔu^{33} ts‘o^{33} t‘y^{21} ma^{33} sɛ^{55}	人类它不知	人们不掌握。
sɪ^{33} ve^{33} bu^{21} lɪ^{21} no^{33}	树花开来呢	树木开花时，
nɛ^{13} sɯ^{33} hu^{21} tɯ^{33} dɯ^{55}	春三月只叫	叫作春三月；
sɪ^{33} ve^{33} sɪ^{13} lɪ^{21} no^{33}	树花谢来呢	树木花谢时，
ʂʅ^{33} sɯ^{33} hu^{21} tɯ^{33} dɯ^{55}	夏三月只叫	叫作夏三月；
sɪ^{33} mo^{21} gu^{21} lɪ^{21} no^{33}	树果熟来呢	果子成熟时，
tʂ‘o^{33} sɯ^{33} hu^{21} tɯ^{33} dɯ^{55}	秋三月只叫	叫作秋三月；
sɪ^{33} ʈ‘u^{33} ɖo^{33} lɪ^{21} no^{33}	树叶枯来呢	树叶枯萎时，

ts‘u^{33} sɯ^{33} hu^{21} tɯ^{33} dɯ^{55}	冬三月只叫	叫作冬三月。

t‘y^{21} ʂʅ^{33} ʑɯ^{33} ɣɯ^{55} t‘u^{55}	那先之古时	在那古时候，
mi^{33} mi^{13} ɖu^{21} dzu^{21} no^{33}	天地人住呢	当时的人们，
zu^{33} hɛ^{33} tɕ‘i^{55} ma^{21} k‘ɯ^{21}	子美妻不娶	男子不迎娶，
nɯ^{13} hɛ^{33} ɳɹ^{33} ma^{21} tʂɛ^{55}	女美也不嫁	女子不出嫁，
mo^{21} sɛ^{55} p‘u^{55} ma^{21} sɛ^{55}	母知父不知	知母不知父，
ɳɹ^{21} tsɯ^{33} ɳɹ^{55} ku^{33} sɯ^{55}	野并兽幼似	像禽兽一样，
dʐo^{21} ʑɯ^{33} tɯ^{33} ŋɯ^{33} vi^{21}	在也就是焉	曾经是这样。

a^{21} so^{21} bu^{33} ŋɛ^{21} k‘o^{21}	古代哺厄阔	古人哺厄阔[4]，
mi^{13} ʑɯ^{33} p‘u^{21} ɣa^{33} no^{13}	地也地也土	根据地面上，

tɕu^{55} ŋɯ^{33} ŋu^{33} tʂʻu^{21} dɯ^{13}	谷类五种出	五谷的出现，
gu^{33} ɬo^{13} tʻy^{21} lɪ^{21} tɕʻɪ^{13}	耕牧他来教	他把耕牧教。
mi^{33} ʑɯ^{33} ɳɪ^{13}	天 也 观	上观天象，
mi^{13} ʑɯ^{33} ŋɯ^{33}	地 也 看	他下察大地，
sɪ^{33} go^{13} ɬu^{33} tɕa^{33} dzo^{33}	犁头耙子造	造犁头耙子，
dʑy^{33} hu^{33} dʑy^{33} ndɪ^{13} gu^{33}	林山林原耕	耕高山平原，
tɕu^{55} ŋɯ^{33} ʔu^{33} dzɪ^{13} sɯ^{55}	谷是头密似	五谷得丰收。
mi^{13} ʑɯ^{33} ɖu^{21} dzu^{21} su^{13}	地也人住者	地上的人们，
gu^{33} ɬo^{13} dʑɪ^{21} ʑɯ^{33} lɪ^{33}	耕牧兴也来	兴起了耕牧。
ʑɪ^{33} ndzu^{33} kʻo^{13} ma^{21} sɛ^{55}	哎君年不知	哎君不知年，
kʻo^{13} sɪ^{33} ya^{33} ɬo^{33} ɳɪ^{13}	年树也与观	就看纪年树；
bu^{33} fu^{33} hu^{21} ma^{21} sɛ^{55}	哺臣月不知	哺臣不知月，

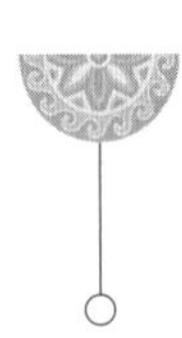

hu^{21} lo^{33} ɣa^{33} lo^{33} ŋɛ^{21}　　月石也与看　　就察纪月石。

k'o^{21} lɯ^{33} gu^{33} tɯ^{33} ŋɯ^{33}　　所也圆就是　　所有都圆满，

dɯ^{55} ɣa^{33} dɪ^{13} tɯ^{33} ŋɯ^{33}　　说也者就是　　是这样说的。

t'y^{21} lo^{33} vu^{33} ɣo^{21} no^{33}　　此了远后呢　　从此以后呢，

zɪ^{33} ʐɯ^{33} bu^{33} ɣa^{33} ɣɯ^{21}　　哎与哺也衍　　哎哺繁衍了，

fu^{13} t'u^{33} t'y^{21} lɪ^{21} dʑɪ^{21}　　亲开其也兴　　兴起了婚配，

nɯ^{13} tʂɛ^{55} dʑɪ^{21} ɣo^{21} lɪ^{33}　　女嫁兴也来　　兴起了嫁女，

tɕ'i^{55} ʐu^{21} bi^{21}　　妻 娶 始　　兴起了娶妻，

tɕu^{55} su^{13} tu^{13} ʐɯ^{33} ɣo^{21}　　媒者立也有　　订媒妁礼仪，

hɪ^{21} tɯ^{21} ɳɪ^{33} dʑi^{33} bo^{21}　　天地规矩得　　有天地规矩。

tɕi^{55} ʐu^{21} nɯ^{13} tʂɛ^{55}　　妻 娶 女 嫁　　娶妻又嫁女，

t‘y^{21} sɯ^{55} ɖu^{21}　此　似　落　就如此形成。

fu^{13} tsu^{55} t‘y^{21} lɪ^{21} ts‘o^{13}　婚规此来定　从此制婚规，

ba^{13} p‘i^{21} t‘y^{21} lɪ^{21} ʈ‘ɯ^{55}　姻制此来放　并依此实施。

fu^{13} t‘u^{33} zɪ^{33} bu^{33} ʂʅ^{33}　亲开哎哺始　哎哺始婚配，

zɪ^{33} bu^{33} ɣa^{33} ȵy^{21} nɯ^{21}　哎哺也尼能　哎哺到尼能，

mi^{33} ʈ‘u^{13} gu^{21} zɯ^{33} tʂɛ^{55}　天白中也根　植根于空中，

ȵy^{21} nɯ^{21} fu^{13} t‘u^{33} bi^{21}　尼能亲开始　尼能也婚配。

dzɪ^{21} ɣo^{21} t‘y^{21} ŋɯ^{33} mo^{21}　兴也这是么　婚姻的兴起，

dɯ^{55} ɣa^{33} dɪ^{13} tɯ^{33} ŋɯ^{33}　说也者就是　是这样说的。

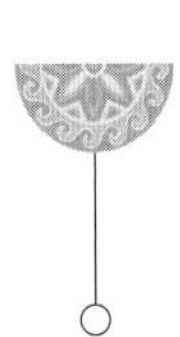

注释:

① 哎奢举: 人名, 哎哺的智者, 创立部落酋长制度的人。

② 穆魁: 哎哺时期最初的部落头领, 君长制形成后, 级别低于君长的类似大臣职能的人。

③ 纪杼: 传说中哎哺时期疏通的九条河流之一, 其他八条为下文提到的溪亚、溪觉、森史、贾沫、厄孜、纪陔、负白、负涪。

④ 哺厄阔: 人名, 哎哺时期的一个名人。

ȵy^{21} nɯ^{21} hɪ^{21}

尼能源①

注音	直译	意译
ȵy^{21} nɯ^{21} ɖu^{21} ʂʅ^{33} dɯ^{13}	尼能祖始生	尼能祖出现，
dɯ^{21} tɕi^{13} vu^{55} ʂʅ^{33} do^{21}	鸽子鸟始产	如鸽子初生。
ʂʅ^{33} dɯ^{13} ʐɪ^{33} dɯ^{13} lɯ^{33}	先出哎出了	先是哎形成，
ʐɪ^{33} dɯ^{13} lɪ^{21} no^{33} ȵy^{21}	哎生来乃尼	哎氏生尼氏；
ʂʅ^{33} do^{21} bu^{33} do^{21} lɯ^{33}	先生哺生了	先是哺出现，
bu^{33} do^{21} lɪ^{21} no^{33} nɯ^{21}	哺生来乃能	哺氏生能氏。
ȵy^{21} t‘u^{33} mu^{33}	尼 厚 高	尼能根深厚，
nɯ^{21} t‘i^{55} ʑɛ^{33} ɣa^{33} dɯ^{13}	能广大也出	分布也广大。
ȵy^{21} ɣo^{21} ȵy^{21} ȵɪ^{21} t‘ɯ^{55}	哎卧尼乃一	一代哎卧尼，
ȵy^{21} k‘u^{33} mu^{33} ȵɪ^{33} ȵɪ^{55}	尼苦姆乃二	二代尼苦姆，

k‘u^{33} mu^{33} p‘u^{21} ȵɪ^{33} sɯ^{33}　　苦姆濮乃三　　三代苦姆濮，

p‘u^{21} a^{21} vu^{33} ȵɪ^{33} ɬi^{33}　　濮阿武乃四　　四代濮阿武，

vu^{33} a^{33} mi^{55} ȵɪ^{33} ŋu^{33}　　武阿咪乃五　　五代武阿咪，

mi^{55} a^{33} tʂu^{13} ȵɪ^{33} tɕ‘o^{13}　　咪阿注乃六　　六代咪阿注，

tʂu^{13} a^{33} nɯ^{21} ȵɪ^{33} ɕi^{55}　　注阿能乃七　　七代注阿能，

nɯ^{21} ɖu^{33} ɖu^{33} ȵɪ^{33} hɪ^{13}　　能朵朵乃八　　八代能朵朵，

ɖu^{33} ɖu^{33} ɬi^{13} ȵɪ^{33} tɕy^{33}　　朵朵里乃九　　九代朵朵里，

ɬi^{13} mi^{33} bi^{55} ȵɪ^{33} ts‘ɯ^{21}　　里米毕乃十　　十代里米毕，

mi^{33} bi^{55} ly^{21} ȵɪ^{33} t‘ɯ^{55}　　米毕吕乃一　　十一米毕吕，

ly^{21} ʔu^{33} ʑɛ^{33} ȵɪ^{33} ȵɪ^{55}　　吕武额乃二　　十二吕武额，

ȵy^{21} nɯ^{21} dɯ^{13} ȵɪ^{55} ts‘ɪ^{13}　　尼能十二代　　尼能十二代，

ly^{21} ʔu^{33} ʑɛ^{33} ɣa^{33} k‘ɯ^{33}　　吕武额也到　　传到吕武额。

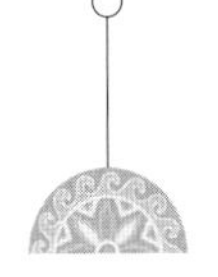

bu^{33} do^{21} nɯ^{21} ɳɹ^{33} tʻɯ^{55}	哺朵能乃一	一代哺朵能，
nɯ^{21} a^{33} ndʐu^{55} ɳɹ^{33} ɳɹ^{55}	能阿珠乃二	二代能阿珠，
ndʐu^{55} a^{33} ʑi^{55} ɳɹ^{33} sɯ^{33}	珠阿依乃三	三代珠阿依，
ʑi^{55} dzɛ^{21} dzɛ^{21} ɳɹ^{33} ɬi^{33}	依则则乃四	四代依则则，
dzɛ^{21} dzɛ^{21} tʻu^{55} ɳɹ^{33} ŋu^{33}	则则妥乃五	五代则则妥，
tʻu^{55} a^{33} sɛ^{55} ɳɹ^{33} tɕʻo^{13}	妥阿奢乃六	六代妥阿奢，
sɛ^{55} ɣa^{33} ku^{33} ɳɹ^{33} ɕi^{55}	奢雅古乃七	七代奢雅古，
ku^{33} sɛ^{33} ŋɛ^{21} ɳɹ^{33} hɪ^{13}	古奢额乃八	八代古奢额，
sɛ^{33} ŋɛ^{21} mo^{13} ɳɹ^{33} tɕy^{33}	奢额莫乃九	九代奢额莫，
mo^{13} hɛ^{33} ɖɯ^{21} ɳɹ^{33} tsʻɯ^{21}	莫海直乃十	十代莫海直。
ɖɯ^{21} mi^{33} hɛ^{33} ɳɹ^{33} tʻɯ^{55}	直米亥乃一	十一直米亥，
lɪ^{21} tʻu^{55} fi^{13} ɳɹ^{33} ɳɹ^{55}	列通菲乃二	十二列通菲，

nɯ^{21} do^{21} tsʻɯ^{21} ȵɪ^{55} tsʻɪ^{13}	能出十二代	尼能十二代，
lɪ^{21} tʻu^{55} fi^{13} ɣa^{33} kʻɯ^{33}	列通菲也到	传到列通菲。
ȵy^{21} ndzu^{33} ly^{21} ʔu^{33} ʑɛ^{33}	尼君吕武额	尼君吕武额，
nɯ^{21} fu^{33} lɪ^{21} tʻu^{55} fi^{13}	能王列通菲	能王列通菲，
ȵy^{13} pu^{13} ɖɯ^{21} mi^{33} hɛ^{33}	尼布直米亥	尼布直米亥②，
tʻy^{21} sɯ^{33} hɛ^{33} ɬɯ^{55} zɛ^{21}	他三贤之世	这三贤时代，
ȵy^{21} ȵɪ^{33} vu^{55} nu^{33} kʻu^{55}	尼乃鸟多生	尼能好比鸟，
nɯ^{21} ȵɪ^{33} tsʻu^{33} nu^{33} ɣɯ^{21}	能乃地多衍	遍地繁衍着。
ȵy^{21} mi^{33} tɕy^{33} gɯ^{55}	尼米举勾	在尼米举勾③，
ȵy^{21} nɯ^{21} ɕi^{55} mi^{33} lɯ^{55}	尼能七天去	尼能上天去，
ɕi^{55} mi^{33} ndʐu^{55}	七　天　珠	天上无珠宝，
ɕi^{55} mi^{33} ɣo^{13} ma^{21} ɣo^{21}	七天宝不有	天上没有宝。

kɯ13 ko13 lɯ55 tʻo21 ʐɯ33	够葛上下合	够葛相配合，
ŋa33 ȵy21 vu55 ɖɯ21 ŋgɛ33	鸟青禽飞稳	以飞稳青鸟，
vu55 ȵy21 kʻɛ21 dzɛ21 tʻu55	鸟青线琴弹	其线作琴弹，
ndʐu55 dzɛ21 mu33	珠 树 高	攀高大珠树，
ɣo13 dzɛ21 mu33 ȵo21 lɯ55	宝树高里去	上高大宝树。
tʻa21 ka33 tʂo13 tʂʻu21 tʂʻu33	一枝转折断	折了一枝来，
tʻa21 ve33 vu55 dzu33 ndzɯ21	一花鸟聚议	以花朵探析。
ȵy21 ɣo21 pu13 ɣa33 ndʐu55	尼氏布也珠	尼布摩的珠，
nɯ21 ɣo21 mu55 ɣa33 ɣo13	能氏摩也宝	能布摩的宝，
tʻɯ21 ʐɯ33 vu33 xɯ21 ɖu55	地之远海落	落入海里面，
ȵy21 mi33 tɕy33 gɯ55	尼米举勾	传尼米举勾。
ȵy21 nɯ21 ȵo21 ʐɯ33 ɖu55	尼能境也落	尼能的境内，

ʂɿ^{33} no^{33} ɕi^{55} mi^{33} ndʐu^{55}　　初乃七天珠　　先当天珠供，

ɕi^{55} mi^{33} ɣo^{13} a^{33} ko^{13}　　七天宝也供　　先当天宝供，

nu^{33} no^{33} pʻu^{21} tʻu^{33} tɛ^{21}　　后乃祠设置　　后设置祖祠。

ȵy^{21} nɯ^{21} pʻu^{21} tʻu^{33} tɛ^{13}　　尼能祠设置　　尼能设祖祠，

ȵy^{21} nɯ^{21} hɪ^{13} pu^{13} sɛ^{21}　　尼能八布神　　八位神布摩，

pʻu^{21} tʻu^{33} hɪ^{21}　　祠 设 根　　理设祠根源，

no^{13} fe^{13} hɪ^{21} ʂu^{21} lɯ^{33}　　灵供根理了　　理供灵根源。

sɯ^{21} kʻu^{33} pu^{13} ʐɯ^{33} dzɯ^{55}　　三梁念也顶　　念诵到天顶，

xɯ^{21} bu^{33} kɛ^{55} tʂʻo^{21} sɯ^{33}　　海岸谷随行　　险如行海岸。

ɬi^{33} zɛ^{21} hɪ^{21} ʐɯ^{33} dzɯ^{33}　　四柱源也顶　　到地的四极，

kʻɛ^{21} lɯ^{21} mu^{21} ʐɯ^{33} dzɯ^{33}　　上的高也齐　　四极的顶端。

vu^{55} ȵy^{21} sɯ^{55} ʐɯ^{33} ɖɯ^{21}　　乌青似也飞　　像青鸟飞翔，

ɕi^{55} mi^{33} ku^{33} ɣa^{33} hɛ^{13}　七天颈也站　到了天脊上，

ɕi^{55} mi^{33} tʻu^{55} ɣa^{21} ŋɛ^{21}　七天秩也探　探天上秩序，

ɕi^{55} du^{33} ti^{55} ɣa^{33} ho^{21}　七洞序也观　察地上秩序。

pʻu^{21} tʻu^{33} ʑɪ^{33}　祠　设　影　无缘设祖祠，

no^{13} fe^{13} ʑɪ^{33} ma^{21} dɪ^{13}　灵供影不带　无缘供诅灵；

ȵy^{21} zy^{55} tsʻo^{13}　尼　偶　塑　有缘塑偶像，

nɯ^{21} bu^{33} tu^{13} ɣa^{33} dɪ^{13}　能像造也带　有缘造偶像。

ȵy^{21} nɯ^{21} hɪ^{13} pu^{13} sɛ^{21}　尼能八布神　八位神布摩，

ʑɯ^{21} no^{33} dʑy^{21} lu^{33} lu^{33}　去乃喜盈盈　去时喜盈盈，

lɪ^{21} no^{33} ȵy^{12} ndʑy^{13} ʂu^{33}　来乃尼想穷　倾心为尼能，

po^{33} no^{33} ʑɛ^{21} sɯ^{33} sɯ^{33}　返乃笑嘻嘻　来时笑嘻嘻，

lɪ^{21} no^{33} ȵy^{21} ndʑɪ^{33} ʂa^{13}　来乃尼瘦汇　为周全尼能。

	ȵy^{12} p‘u^{21} t‘u^{33}	尼 祠 设	尼能忌设祠，
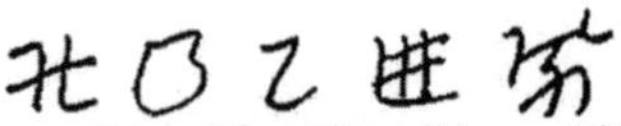	nɯ^{21} no^{13} fe^{13} ma^{21} de^{13}	能灵供不得	尼能忌供灵。
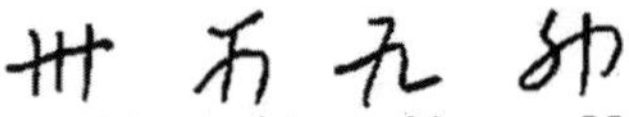	ȵy^{21} mi^{33} tɕy^{33} gɯ^{55}	尼 米 举 勾	在尼米举勾，
	ȵy^{21} nɯ^{21} ɕi^{55} mi^{33} lɯ^{55}	尼能七天去	尼能上天去，
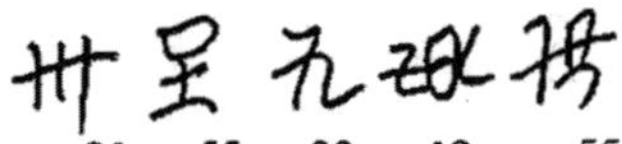	ȵy^{21} p‘i^{55} tɕy^{33} ts‘ɪ^{13} tʂ‘ɛ^{55}	尼祖九代祭	祭送九代祖。
	ȵy^{21} ɕi^{13} vu^{55} lɪ^{21} mi^{33}	尼死鸟来天	尼死化为鸟，
	ȵy^{21} nɯ^{21} vu^{55} nu^{33} k‘u^{55}	尼乃鸟多生	鸟样多繁衍，
	nɯ^{21} ɕi^{13} ȵɯ^{55} lɪ^{21} mi^{33}	能死虎来天	能死化为虎，
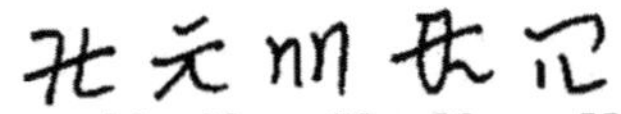	nɯ^{21} ȵɹ^{33} ts‘u^{33} nu^{33} t‘ɯ^{55}	能乃地多放	广泛发展着。
	ɕi^{55} mi^{33} p‘u^{21} ma^{21} t‘u^{55}	七天祠不设	普遍不设祠，
	ɕi^{33} mi^{33} ȵɹ^{33} zy^{55} ts‘o^{13}	七天乃偶塑	普遍塑偶像，
	ɕi^{55} mi^{33} no^{13} ma^{21} fe^{13}	七天灵不供	普遍不供灵，

ɕi^{55} mi^{33} no^{33} bu^{33} tu^{13}　　七天乃像立　　普遍拜塑像。

ȵy^{12} ɣo^{21} pʻɛ^{33} va^{13} na^{55}　　尼氏占猪黑　　尼氏占猪膀，

tɕi^{13} na^{33} lɯ^{21} ɣa^{33} tʂo^{13}　　根黑沉也转　　扭转深沉根；

nɯ^{21} ɣo^{21} ɣa^{33} bu^{33} tʻu^{13}　　能氏鸡卦白　　能氏卜鸡卦，

tu^{13} xo^{21} dʐɛ^{21} ɣa^{33} tʂo^{13}　　立顺附也转　　改变原方式。

ȵy^{21} ɣo^{21} tu^{13} tʻɛ^{33} tʻu^{13}　　尼氏立灵台　　尼能设灵台，

tɕi^{13} tʻu^{33} ʐɿ^{33} ɣa^{33} tʂo^{13}　　样设形也转　　式样都改变。

pʻu^{21} tʻe^{13} zy^{55}　　祠　变　偶　　祠改为偶像，

vɛ^{21} tʻe^{13} bu^{33} ɣa^{33} tʂo^{13}　　灵变像也转　　灵改为塑像。

ȵy^{21} dzu^{21} mi^{33} gu^{21} gu^{21}　　尼住天圆圆　　尼能遍天下，

nɯ^{21} ndʐɛ^{21} mi^{13} dʐo^{21} dʐo^{21}　　能居地满满　　遍地分布着。

tʻy^{21} no^{33} tʻy^{21} lo^{13} lɯ^{55}　　其乃此是了　　就是这样的。

注释:

① 尼能:作为氏族名,又作“妮乃”“女里”等,由哎哺繁衍而来,尼能氏族与什勺、举偶、武僰、米靡等氏族都起源于哎哺。尼能氏的分布,一是从今四川省的宜宾、自贡到成都平原一带;二是洱海周围一带。作为时代名,是彝族历史上尼能氏族的强盛时期,彝族历史上,丝绸的纺织、水稻的栽培、茶叶的发明饮用、酒的发明酿造、青铜的冶炼与使用等都在这一时期。

② 直米亥:人名,尼能时期的著名布摩。

③ 尼米举勾:地名,意为“尼能氏分布的九大山川”,指今四川盆地一带。

ʂɿ^{21} ʂo^{21} hɪ^{21}
什　勺　源①

ʑɿ^{33} ɣo^{13} tʂɛ^{55} ŋɯ^{21} ŋɯ^{21}　哎内根壮壮　雄壮的哎氏，

bu^{33} ɣo^{13} tso^{33} pʻo^{21} pʻo^{21}　哺内本勃勃　旺盛的哺氏，

tʻy^{21} ȵɿ^{55} lɯ^{55} tʻo^{21} ʑɯ^{33}　他两上下合　互相结合后，

ʂɿ^{21} tʻu^{33} mu^{33}　什　厚　高　生高大什氏，

ʂo^{21} tʻi^{55} ʑɛ^{33} dɯ^{13} lɯ^{33}　勺广大生了　生高大勺氏。

ʂɿ^{21} tʻu^{33} mu^{33}　什　厚　高　高大的什氏，

ʂo^{21} tʻi^{55} ʑɛ^{33} ɣa^{33} ndʑɯ^{55}　勺广大也交　同勺氏配合，

ʂɿ^{21} mɛ^{33} tsʻɛ^{13} dɯ^{13} lɯ^{33}　什默采生了　生了什默采②。

ʂɿ^{21} me^{33} tsʻɛ^{13} ȵɿ^{33} tʻɯ^{55}　什默采乃一　一代什默采，

mɛ^{33} tsʻɛ^{13} nu^{33} ȵɿ^{33} ȵɿ^{55}　默采诺乃二　二代默采诺，

nu^{33} pʻo^{21} lɯ^{21} ȵɪ^{33} sɯ^{33}	诺皤娄乃三	三代诺皤娄，
pʻo^{21} lɯ^{21} a^{21} vu^{33} ɬi^{33}	皤娄阿武四	四代皤娄阿武，
a^{21} vu^{33} ɬu^{33} ŋɛ^{21} ŋu^{33}	阿武鲁额五	五代阿武鲁额，
ɬu^{33} ŋɛ^{21} nu^{33} ʂɛ^{13} tɕʻo^{13}	鲁额诺舍六	六代鲁额诺舍，
nu^{33} ʂɛ^{13} tɕʻo^{13} ȵɪ^{33} ɕi^{55}	诺舍确乃七	七代诺舍确，
tɕʻo^{13} tɕʻi^{33} du^{33} ȵɪ^{33} hɪ^{13}	确启度乃八	八代确启度，
tɕʻi^{33} du^{33} ndʐu^{55} ȵɪ^{33} tɕy^{33}	启度珠乃九	九代启度珠，
ndʐu^{55} bi^{21} ʑy^{21} ȵɪ^{33} tsʻɯ^{21}	珠毕余乃十	十代珠毕余。
bi^{21} ʑy^{21} tɕɪ^{13} ȵɪ^{33} tʻɯ^{55}	毕余洁乃一	十一代毕余洁。
ʂʅ^{21} dɯ^{13} tsʻɯ^{21} ti^{33} tsʻɪ^{13}	什出十一代	传到十一代，
ʂʅ^{21} ʂo^{21} ȵɪ^{55} zu^{33} ndzu^{33}	什勺两子君	什勺两君长：
ʂu^{55} ʑɛ^{33} a^{33} kʻɪ^{33} na^{33}	舒额和肯纳	舒额和肯纳；

ʂɿ^{21} ʂo^{21} ɳɪ^{55} zu^{33} mu^{55}	什勺两子臣	什勺两臣子，
mi^{55} dzy^{21} ɣa^{33} gu^{21} ndʐo^{33}	咪菊和古爵	咪菊和古爵；
ʂɿ^{21} ʂo^{21} ɳɪ^{55} zu^{33} pu^{13}	什勺两子布	什勺两布摩，
sɛ^{55} dzɛ^{21} ɣɯ^{21} a^{33} go^{13}	奢哲额阿戈	奢哲与额阿戈；
ʂɿ^{21} ʂo^{21} ɳɪ^{55} zu^{33} kɯ^{13}	什勺两子匠	什勺两工匠，
kɯ^{13} dzɛ^{21} a^{33} ko^{13} go^{33}	够则和葛格	够则和葛格。
ʂɿ^{21} ʂo^{21} hɪ^{13} pu^{13} sɛ^{21}	什勺八布神	八位神布摩，
tɛ^{13} tʻu^{13} bo^{21} ɳo^{33}	点 吐 博 略	在点吐博略[3]，
ʂɿ^{21} ɕi^{13} mi^{33} ɣa^{33} dɪ^{13}	什死天也者	什勺归天了。
ɕi^{55} mi^{33} ndʐu^{55} ma^{21} ɣo^{21}	七天珠不有	天上没有珠，
ɕi^{55} mi^{33} ɣo^{13} ma^{21} ɣo^{21}	七天宝不有	天上没有宝，
kɯ^{13} ko^{13} lɯ^{55} tʻo^{21} ʐɯ^{33}	够葛上下合	够葛的范围。

ŋa33 n̠y21 vu55 ɖɯ21 ŋgɛ33	乌青禽飞稳	飞稳的青鸟，
tʻa21 ka33 tʂo13 tʂʻu33 tʂʻu33	一枝转折断	折枝珠宝树，
tʻa21 ʑi55 vu55 dzu33 ndzɯ21	一花分聚议	利用珠宝花，
ʂʅ21 ʑɯ33 ndʐu55 tɕy33 bo21	什之珠九份	什珠分九份，
ʂo21 ʑɯ33 ɣo13 hɪ13 tɪ21	勺之宝八层	勺宝布八层。
tɛ13 tʻu13 bo21 n̠o33	点 吐 博 略	在点吐博略，
ʂʅ21 ʂo21 n̠o21 ʑɯ33 ɖu55	什勺内也落	什勺所在地，
ʂʅ33 no33 ɕi55 mi33 ndʐu55	先乃七天珠	给天上献珠，
ʂʅ21 ʂo21 ɕi55 mi33 ndʐu55	什勺七天珠	把什勺珠献。
nu33 no33 pʻu21 tʻu33 tɛ33	后乃祠设立	然后再设祠，
ʂʅ21 ʂo21 pʻu21 tʻu33 tɛ33	什勺祠设立	设什勺之祠。
ʂʅ21 ʂo21 hɪ13 pu13 sɛ21	什勺八布神	八位神布摩，

p‘u^{21} hɪ^{21} ɕɪ^{33}　　祠 本 招　　要习设祠俗，

no^{13} hɪ^{21} ɕɪ^{33} vi^{21} dɪ^{13}　　灵本招也要　　要习供灵俗。

ʈa^{13} sɯ^{55} mu^{21} a^{33} vu^{33}　　鹰样高也入　　鹰样飞上天，

ɕi^{55} mi^{33} ku^{33} ɣa^{21} hɛ^{13}　　七天颈也站　　到了天脊上，

ɕi^{55} mi^{33} ɣo^{13} ɣa^{21} ɳɪ^{13}　　七天根也察　　把天根探查。

p‘u^{21} t‘u^{33} ʑɪ^{33}　　祠 设 影　　不能设祖祠，

no^{13} fe^{13} ʑɪ^{33} ma^{21} dɪ^{13}　　灵设影不带　　不能供诅灵。

ʂʅ^{21} zy^{55} ts‘o^{13}　　什 偶 塑　　可以塑偶像，

ʂo^{21} bu^{33} tu^{13} ɣa^{33} dɪ^{13}　　勺像造也带　　可以供塑像。

zy^{55} ts‘o^{13} tɕ‘i^{13}　　偶 塑 脚　　塑像无帮手，

bu^{33} tu^{13} la^{13} ma^{21} ɣo^{21}　　像造手不有　　造像无助手。

ɬu^{13} to^{33} vu^{33} la^{13} nu^{33}　　手巧鲁朵入　　招巧手鲁朵，

sɿ33 ɬi13 vu33 la13 nu33	斯里助手巧	助手斯里巧，
mi21 ndʐo21 vu33 la13 nu33	迷觉助手巧	助手迷觉巧，
sɛ13 tʂʻɿ21 vu33 la13 nu33	塞赤助手巧	助手塞赤巧。
ɬu33 ʐɯ33 dʑy33 zɛ55 ʂɛ13	鲁之深林长	到鲁家深山，
ɬu13 ʐɯ33 zy55 sɪ33 kʻɪ33	鲁之偶树伐	伐塑偶木料，
tʂu21 mi33 dʐɯ33 lɯ21 sɯ55	钟天鸣的象	像雷鸣一般。
to33 lɪ21 bu33 ʐi21 kʻɯ55	朵来像水舀	取朵家的水，
no13 tʂʻu33 ɖu33 lɯ21 sɯ55	猴疾行的象	如猿猴疾行。
mo21 mo21 fa13 na55	高 高 岩 深	到高高悬崖，
sɿ33 lɪ21 zy55 du33 tsʻɛ21	斯来偶石采	采斯家石材，
dɯ21 tɕi13 tɕy33 lɯ21 sɯ55	鸽子叩的像	好比鸽子叩。
sɯ33 xo21 lɯ55 na33 ʐi33	行畅的黑水	从畅流江里，

sɛ^{13}tɕʻi^{13}bu^{33}mi^{13}ndu^{33}	塞启像泥挖	挖塞家泥土，
bu^{21}lu^{21} ɖu^{21} ɭɯ^{33} sɯ^{55}	蝴蝶舞的像	像蝴蝶舞动。
ȵy^{21} mi^{33} ga^{13}	尼　米　嘎	到尼米嘎、
nɯ^{21}mi^{33}ga^{13} ʑɯ^{33} dzy^{21}	能米嘎也聚	能米嘎集中④。
sɯ^{21}ʑɯ^{33} ga^{13} zy^{55} ndɛ^{21}	择也料平整	把场地平整，
zy^{55}tsʻo^{13}hɪ^{21}ʑɯ^{33} ʐu^{21}	偶塑天也样	塑像取天象，
hɪ^{21}tʻu^{33} lu^{33} ɣa^{33} ʐu^{21}	天宇宙也样	取宇宙天象，
tʻu^{33} lu^{33}tsʻɯ^{21}ȵɪ^{55} tsɪ^{13}	宇宙十二度	宇宙十二度，
tʻu^{33}lu^{33}ɬi^{33} tʻu^{55} tʻo^{21}	偶庙四面设	分东南西北，
zy^{55}hɪ^{21} ɬi^{33} tʻu^{55} tʻo^{21}	宇宙四面分	宇宙四个面。
ɕi^{55} mi^{33}tɕy^{33} tu^{13} tʻu^{33}	七天九千设	天数为九千，
zy^{55} hɪ^{21} tɕy^{33} tu^{13} tʻu^{33}	偶庙九千设	宇宙有九千，

ɕi^{55} mi^{33} tɕy^{33} ɣo^{21} ŋgo^{33}	七天九道门	天有九道门，
zy^{55} hɪ^{21} tɕy^{33} ɣo^{21} ŋgo^{33}	偶庙九道门	宇宙设九门。
ɬi^{13} vu^{55} hɛ^{13} a^{33} ndzu^{21}	神鸟立也髻	庙顶立神鸟，
du^{33} tɕʻi^{33} ʑi^{13} ɣa^{33} kʻo^{21}	洞狗歇也底	庙基放狗像，
lu^{33} ʂɛ^{13} ɣa^{33} ɬi^{33} ko^{33}	龙长也四盘	长龙四面盘，
tʂu^{13} na^{55} dʐɛ^{55} ɣa^{33} ɣo^{13}	铃黑挂也内	宇宙挂大铃，
ʂɛ^{13} ŋa^{33} ʑi^{13} ɣa^{33} ʑi^{13}	金鸡栖也栖	塑有金鸡像，
ʂɛ^{13} ŋa^{33} pʻo^{21} ɣa^{33} pʻo^{21}	金鸡扑啊扑	金鸡扑扑飞。
zy^{55} hɪ^{21} tsʻo^{13}	偶 庙 建	修宇宙竣工，
bu^{33} tu^{13} gu^{21} lu^{21} no^{33}	像塑毕了呢	像塑完毕后，
ȵy^{21} nɯ^{21} tɕy^{33} tɕi^{13} zy^{55}	尼能九千偶	九千尼能像，
ʂɛ^{13} tɕu^{55} ve^{33} ɣa^{33} ŋgɯ^{55}	舍鸠伟也上	含鸠伟居首。

nɯ^{21} gu^{33} hɪ^{13} hɪ^{21} bu^{33}	能域八万像	八万尼能像，
ʑɪ^{13} mu^{33} tɕʻɪ^{13} ɣa^{33} tʻi^{55}	易姆且也下	易姆且居末。
tʂɛ^{55} ʂu^{21} zy^{55} tʻa^{21} gu^{21}	根寻偶一堂	崇偶像为根，
hɪ^{21} ʂu^{21} bu^{33} tʻa^{21} tʂʻɛ^{21}	本理像一台	拜塑像为本，
sɯ^{21} ʑɯ^{33} dzu^{21} lɯ^{21} dɪ^{13}	似也实了的	如此传承的。

注释:

① 什勺：氏族名，又作“习索”“实勺”“什叟”“神勺”“嶲蜀”等，由哎哺繁衍而来，是彝族历史上第三个时期的代表。什勺氏的发祥地是滇西的点苍山麓、洱海周围，什勺氏长期分布在这一地域。

② 什默采：人名，什勺氏的君长，生有两子，一名“默采遮”，一名“默采诺”。

③ 点吐博略：山名，即云南大理的苍山，此山在什勺时期称“点吐山”，到南诏时期改称“点苍山”。

④ 尼米嘎：又作“尼米嘎娄”“娄姆密尼”，系云南大理苍山脚下大理坝子的统称，是什勺和米靡氏族的发祥地。

ɬu33 to33 hɪ21
鲁朵源①

ʑɪ33 ɣo13 hɪ21 ȵɪ33 tʻɯ55	哎卧恒乃一	一代哎卧恒，
hɪ21 ɣo13 tʂɛ55 ȵɪ33 ȵɪ55	恒雅遮乃二	二代恒雅遮，
tʂɛ55 dʑy33 kʻɯ55 ȵɪ33 sɯ33	遮举叩乃三	三代遮举叩，
dʑy33 kʻɯ55 ʂɿ21 su13 ɬi33	举叩史素四	四代举叩史素，
ʂɿ33 su13 fe13 ȵɪ33 ŋu33	史素菲乃五	五代史素菲，
fe13 ɣo21 ɬu33 ȵɪ33 tɕo13	菲俄鲁乃六	六代菲俄鲁，
ɬu33 ʑɯ55 ʑɛ33 ȵɪ33 ɕi55	鲁依额乃七	七代鲁依额。
ɬu33 dɯ13 ɕi55 tsʻɪ13 lo13	鲁出七代了	鲁氏第七代，
ɬu33 ʑɯ55 ʑɛ33 lo33 kʻɯ33	鲁依额于至	传到鲁依额，
ɬu33 ȵɪ33 ɖu21 nu33 ɣɯ21	鲁乃祖多衍	繁衍鲁氏族。

注音	直译	意译
bu^{33}ɣo^{13}t‘ɯ^{21} ɳɹ^{33}t‘ɯ^{55}	哺卧特乃一	一代哺卧特，
t‘ɯ^{21}ɣo^{13} de^{13} ɳɹ^{33}ɳɹ^{55}	特卧德乃二	二代特卧德，
de^{13} ly^{21} lɯ^{21} ɳɹ^{33} sɯ^{33}	德吕娄乃三	三代德吕娄，
ly^{21}lɯ^{21}ndʐu^{55} ɳɹ^{33} ɬi^{33}	吕娄珠乃四	四代吕娄珠，
ndʐu^{55}ɣa^{33}dʐʅ^{21}ɳɹ^{33} ŋu^{33}	珠雅史乃五	五代珠雅史，
dʐʅ^{21}ɣa^{33} to^{33} ɳɹ^{33}tɕ‘o^{13}	史雅朵乃六	六代史雅朵，
to^{33} hɪ^{21} na^{55} ɳɹ^{33} çi^{55}	朵恒那乃七	七代朵恒那。
to^{33}dɯ^{13} çi^{55} ts‘ɪ^{13} lo^{13}	朵出七代了	朵氏第七代，
to^{33} hɪ^{13} na^{55}ɣa^{33}k‘ɯ^{33}	朵恒那于至	传到朵恒那，
to^{33}ɳɹ^{33}ts‘u^{33}nu^{33} k‘u^{55}	朵乃地多生	朵氏遍地衍。
ɬu^{33}dʑɪ^{21}ɳy^{12}dʑy^{33}k‘ɯ^{33}	鲁兴尼举叩	尼举叩兴鲁，
to^{33}dʑɪ^{21}nɯ^{21}tʂ‘ɪ^{33}p‘i^{21}	朵兴能祉皮	能祉皮兴朵，

t‘y^{21} ɲɪ^{55} lɯ^{55} t‘o^{21} ʐɯ^{33}	其二上下合	他俩的后裔，
ɬu^{13} ʐɯ^{33} ɲy^{21} tɕy^{33} kɛ^{13}	鲁也尼九川	遍布尼九川，
to^{33} ʐɯ^{33} nɯ^{21} hɪ^{13} kɛ^{13}	朵也能八川	遍布能八川。
to^{33} tʂ‘a^{33} ɲy^{12} tʂ‘a^{33} ʂu^{21}	朵源尼源理	鲁朵与尼能，
xɯ^{21} tɕy^{33} lɯ^{33}	海　九　个	源于九个海，
bo^{21} tɕy^{33} lɯ^{33} ɣa^{33} dzo^{33}	山九座也长	源于九座山。
bo^{21} tɕy^{33} lɯ^{33} ɣa^{33} t‘a^{55}	山九座之上	在九座山上，
vɛ^{21} tɕy^{33} lɯ^{33} ɲɪ^{33} t‘u^{33}	灵九只也置	置九只祖桶，
ɬu^{33} ʐɯ^{33} dʐɯ^{21} tɕy^{33} zo^{33} lɪ^{21} bɪ^{55}	鲁之奴九个来背	九鲁奴来背，
bo^{21} tɕy^{33} lɯ^{33} ɣa^{33} ɲɪ^{33}	山九座也坐	搁九座山上。
ɬu^{33} zi^{13} tɕy^{33} ɣo^{21} tɕ‘i^{33}	鲁歇九也巢	鲁氏九居所，
ɬu^{33} vɛ^{21} tɕy^{33} ɣo^{21} t‘u^{33}	鲁灵九也设	都设祖灵桶。

ɬu^{33}tʂʻa^{33}tɕy^{33}ɣo^{21}dzo^{33}	鲁源九也生	鲁朵九源头，
ɬu^{33}ɳɪ^{33} pʻu^{55} sɯ^{55} hɪ^{13}	鲁居父象立	鲁氏居于阳，
to^{33}ɳɪ^{33} mo^{21} sɯ^{55} hɪ^{13}	朵居母象立	朵氏居于阴，
tʻy^{21}no^{33}tʻy^{21} lo^{13}lɯ^{55}	其乃此是了	就是这样的。

注释：

① 鲁朵：一指卦名，为彝族八卦中的东北和西南两卦名；二指氏族名，由哎哺繁衍的仅次于哎哺和采舍的第三大部族；三指神祇名，为山林之神。

sɿ^{33} ɬi^{13} hɪ^{21}
斯里源①

hɪ^{21} ɣo^{13} ȵy^{21} ȵɪ^{33} tʻɯ^{55}	恒卧尼乃一	一代恒卧尼，
ȵy^{21} sɯ^{33} gɯ^{21} ȵɪ^{33} ȵɪ^{55}	尼叟格乃二	二代尼叟格，
gɯ^{21} ɣa^{33} tʻa^{21} ȵɪ^{33} sɯ^{33}	格雅沓乃三	三代格雅沓，
tʻa^{21} vɛ^{21} vɛ^{21} ȵɪ^{33} ɬi^{33}	沓维维乃四	四代沓维维，
vɛ^{21} vɛ^{21} dʑy^{33} ȵɪ^{33} ŋu^{33}	维维举乃五	五代维维举，
dʑy^{21} ɣa^{33} sɿ^{33} ȵɪ^{33} tɕʻo^{13}	举雅斯乃六	六代举雅斯。
sɿ^{33} ndzu^{33} sɿ^{33} ʔu^{33} tʻu^{13}	斯君斯武吐	君为斯武吐，
sɿ^{33} mu^{55} sɿ^{33} le^{33} le^{33}	斯臣斯冷冷	臣为斯冷冷，
sɿ^{33} pu^{13} sɿ^{33} du^{21} dzɯ^{55}	斯布斯度邹	布摩斯度邹。
sɿ^{33} dɯ^{13} tɕʻo^{13} tsʻɪ^{13} lo^{13}	斯出六代了	斯有六代谱。

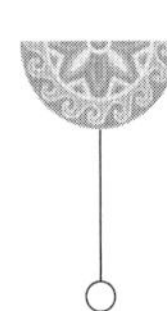

tʻɯ^{21} ɣo^{13} ndzɛ^{21} ɳɹ^{33} tʻɯ^{55}　特卧哲乃一　一代特卧哲，

ndzɛ^{21} pʻo^{21} pʻo^{21} ɳɹ^{33} ɳɹ^{55}　哲皤皤乃二　二代哲皤皤，

pʻo^{21} pʻo^{21} gɯ^{21} ɳɹ^{33} sɯ^{33}　皤皤格乃三　三代皤皤格，

gɯ^{21} mɛ^{33} tsʻɛ^{13} ɳɹ^{33} ɬi^{33}　格默采乃四　四代格默采，

mɛ^{33} tsʻɛ^{13} ɬi^{13} ɳɹ^{33} ŋu^{33}　默采里乃五　五代默采里，

ɬi^{13} mɛ^{33} na^{33} ɳɹ^{33} tɕʻo^{13}　里默那乃六　六代里默那。

ɬi^{13} ndʑu^{33} ɬi^{13} mɛ^{33} na^{33}　里君里默那　君为里默那，

ɬi^{13} mu^{55} ɬi^{13} a^{21} vu^{33}　里臣里阿武　臣为里阿武，

ɬi^{13} pu^{13} ɬi^{13} go^{33} go^{33}　里布里果果　布摩里果果。

ɬi^{13} dɯ^{13} tɕʻo^{13} tsʻɿ^{13} lo^{13}　里出六代了　里有六代谱。

ɬi^{13} ɳɹ^{33} vu^{55} nu^{33} kʻu^{55}　里乃鸟多生　里崇鸟繁衍，

ɬi^{13} ɳɹ^{33} ɳɹ^{55} nu^{33} ɣɯ^{21}　里乃虎多衍　里崇虎繁衍。

tʻɯ21 ʐɯ33 pʻu21 ɬi33 lɯ21	下之地四极	在东南西北，
sɿ33 ɕi13 ɬi33 ɣo21 mi33	斯死四处天	斯死有归宿，
mi33 ɣo13 pu13 bu33 lo21 gɯ55	天南布札洛勾	南方布札洛勾②，
sɿ33 ɕi13 tʻa21 ɣo21 mi33	斯死一处天	是斯里归宿；
mi33 kʻɛ33 dʐo55 tʂʻu33 fa13 hɪ21	天北纠楚法恒	北方纠楚法恒③，
sɿ33 ɕi13 tʻa21 ɣo21 mi33	斯死一处天	是斯里归宿；
fi55 ʐɯ33 tʻɯ21 pʻa33 fa13 ʈʻu13	东之特帕法吐	东方特帕法吐④，
sɿ33 ɕi13 tʻa21 ɣo21 mi33	斯死一处天	是斯里归宿；
ɬo13 ʐɯ33 hu21 lu33 dʐa33 dʐa̧33 bo21	西也洪鲁吉扎博	西方洪鲁吉扎博⑤，
sɿ33 ɕi13 tʻa21 ɣo21 mi33	斯死一处天	是斯里归宿；
nɯ55 pʻu21 nu33 tʂɛ13 dzo33 lu21	中央诺寨佐卢	中部诺寨佐卢⑥，
sɿ33 ɕi13 tʻa21 ɣo21 mi33	斯死一处天	是斯里归宿；

sɿ^{33} ɳɪ^{33} hɪ^{21} vɛ^{21} ly^{21}	斯乃恒灵俗	崇祖效仿恒氏俗，
sɿ^{33} ɳɪ^{33} t'ɯ^{21} vɛ^{21} ly^{21}	里乃特灵俗	拜祖效仿特氏俗⑦。
t'y^{21} no^{33} t'y^{21} lo^{13} lɯ^{55}	其乃此是了	就是这样的。

注释：

① 斯里：古彝人部族，与武僰有关，有与“六祖”中的德施氏族联姻的记录，死后在崖上安置尸体。斯里后又演变为悬崖之神的名称。

② 南方布札洛勾：以崖为标志的地名，在今云南省境内。

③ 北方纠楚法恒：以崖为标志的地名，在今四川省境内。

④⑤ 西方洪鲁吉扎博、东方特帕法吐：以崖为标志的地名，在今云南省境内。

⑥ 中部诺寨佐卢：以崖为标志的地名，在今贵州省境内。

⑦ 恒氏俗、特氏俗：指把祖灵安置于悬崖上的习俗。

sɛ^{13} tʂʻʅ^{21} hɪ^{21}
塞 赤 源①

hɪ^{21} ɣo^{13} ȵy^{21} ɳɪ^{33} tʻɯ^{55}	恒卧尼乃一	一代恒卧尼，
ȵy^{21} ko^{21} ʑy^{21} ɳɪ^{33} ɳɪ^{33} ɳɪ^{55}	尼葛余乃二	二代尼葛余，
ko^{21} ʑy^{21} ko^{21} ʑa^{33} sɯ^{33}	葛余葛亚三	三代葛余葛亚，
ko^{12} ʑy^{33} tu^{13} ɳɪ^{33} ɬi^{33}	葛亚杜乃四	四代葛亚杜，
tu^{13} dʐɯ^{21} ha^{13} ɳɪ^{33} ŋu^{33}	杜直哈乃五	五代杜直哈，
dʐɯ^{21} ha^{13} sɛ^{13} ɳɪ^{33} tɕʻo^{13}	直哈塞乃六	六代直哈塞。
sɛ^{13} ndzu^{33} sɛ^{13} a^{21} vu^{33}	塞君塞阿武	君长塞阿武，
sɛ^{13} mu^{55} sɛ^{13} pʻo^{21} lɯ^{21}	塞臣塞皤娄	臣子塞皤娄，
sɛ^{13} pu^{13} sɛ^{13} zɯ^{33} nde^{33}	塞布塞仁邓	布摩塞仁邓。
sɛ^{13} dɯ^{13} tɕʻo^{13} tsʻɪ^{13} lo^{13}	塞出六代了	塞有六代谱。

t‘ɯ21 ɣo13 nɯ21 ɳɹ33 t‘ɯ55	特卧能乃一	一代特卧能，
nɯ21 ɖu33 ɖu33 ɳɹ33 ɳɹ55	能笃笃乃二	二代能笃笃，
ɖu33 ɖu33 a33 tʂ‘ʅ21 sɯ33	笃笃阿赤三	三代笃阿赤，
tʂ‘ʅ21 a33 k‘ɛ21 ɳɹ33 ɬi33	赤阿楷乃四	四代赤阿楷，
k‘ɛ33 a33 ndʑo21 ɳɹ33 ŋu33	楷阿觉乃五	五代楷阿觉，
ndʑo21 mɛ33 na33 ɳɹ33 tɕ‘o13	觉默那乃六	六代觉默那。
ndʑo21 ndzu33 ndʑo21 mɛ33 na33	觉君觉默那	君长觉默那，
ndʑo21 mu55 ndʑo21 sa13 sa13	觉臣觉萨萨	臣子觉萨萨，
ndʑo21 pu33 ndʑo21 ty21 ty21	觉布伊迪迪	布摩觉迪迪。
ndʑo21 dɯ13 tɕ‘o13 ts‘ɪ13 lo13	觉出六代了	觉有六代谱。
t‘ɯ21 ʐɯ33 p‘u21 ɬi33 lɯ21	下之地四方	在东南西北，
sɛ13 ɕi13 ɬi33 ɣo21 mi33	塞死四处天	有塞氏归宿。

mi^{33} ɣo^{13} p'i^{21} nɯ^{55} bo^{21}　　天南毗那山　　南边毗那山②，

sɛ^{13} ɕi^{13} t'a^{21} ɣo^{21} mi^{33}　　塞死一处天　　有塞赤归宿；

mi^{33} k'ɛ^{33} ndzɛ^{13} hu^{21} xɯ^{21} na^{33}　　天北载洪侯那　　北边载洪侯那③，

sɛ^{13} ɕi^{13} t'a^{21} ɣo^{21} mi^{33}　　塞死一处天　　有塞赤归宿；

mi^{33} ɬo^{13} xɯ^{21} dẓɛ^{55} fa^{13} na^{33} hu^{21}　　西方侯遮法娜洪　　西边侯遮法娜洪④，

sɛ^{13} ɕi^{13} t'a^{21} ɣo^{21} mi^{33}　　塞死一处天　　有塞赤归宿；

mi^{33} fi^{55} ko^{21} dẓo^{21} sɪ^{13} lu^{21}　　天东葛卓塞卢　　东边葛卓塞卢⑤，

sɛ^{13} ɕi^{13} t'a^{21} ɣo^{21} mi^{33}　　塞死一处天　　有塞赤归宿；

nɯ^{55} p'u^{21} ḍɯ^{21} lɯ^{21} se^{13} a^{33} lu^{21}　　中央直娄塞雅卢　　中部直娄塞雅卢⑥，

sɛ^{13} ɕi^{13} t'a^{21} ɣo^{21} mi^{33}　　塞死一处天　　有塞赤归宿。

t'ɯ^{21} ʑɯ^{33} p'u^{21} ɬi^{33} lɯ^{21}　　下之地四方　　在东南西北，

sɛ^{13} ɕi^{13} ɬi^{33} ɣo^{21} mi^{33}　　塞死四处天　　有塞氏归宿。

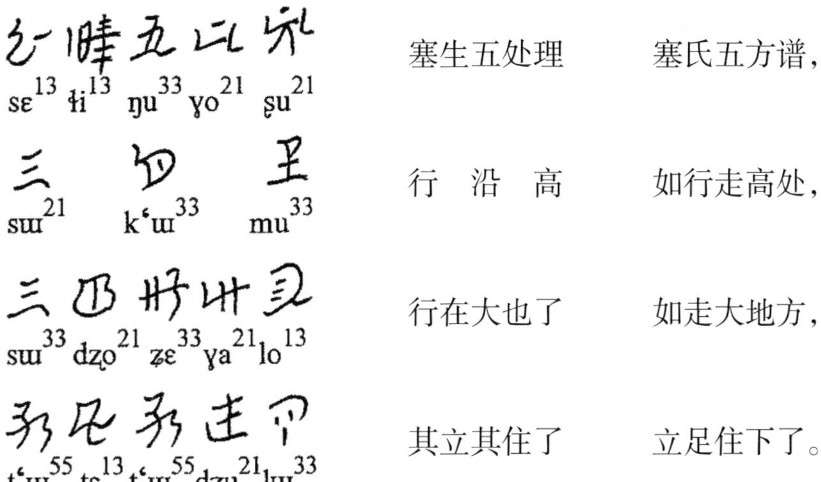

塞生五处理　　塞氏五方谱，

行　沿　高　　如行走高处，

行在大也了　　如走大地方，

其立其住了　　立足住下了。

注释：

① 塞赤：古彝人部族，也指管理污秽的神。
② 毗那山：山名，在贵州省盘州市淤泥彝族乡与普古乡之间，是古阿外惹部的中心。
③ 载洪侯那：以湖为标志的地名，在四川省境内。
④ 侯遮法娜洪：以崖为标志的地名，在云南省境内。
⑤ 葛卓塞卢：以聚落为标志的地名，在贵州省贵阳市境内。
⑥ 直娄塞雅卢：以聚落为标志的地名，在贵州省毕节市七星关区和赫章县之间。

mi^{21} ndʑo^{55} hɪ^{21}
迷 觉 源

hɪ^{21} ɣo^{13} tɕʻy^{55} ȵɪ^{33} tʻɯ^{55}　　恒卧趋乃一　　一代恒卧趋，

tɕʻy^{55} ɣa^{33} du^{33} ȵɪ^{33} ȵɪ^{55}　　趋雅堵乃二　　二代趋雅堵，

du^{33} ɣa^{33} lu^{33} ȵɪ^{33} sɯ^{33}　　堵雅鲁乃三　　三代堵雅鲁，

lu^{33} ɣa^{33} ku^{33} ȵɪ^{33} ɬi^{33}　　鲁雅古乃四　　四代鲁雅古，

ku^{33} ɣa^{33} ɣɯ^{21} ȵɪ^{33} ŋu^{33}　　古雅额乃五　　五代古雅额，

pu^{33} ɣɯ^{21} mi^{21} ȵɪ^{33} tɕʻo^{13}　　补额迷乃六　　六代补额迷。

mi^{21} dɯ^{13} tɕʻo^{13} tsʻɪ^{13} lo^{13}　　迷出六代了　　迷氏六代后，

mi^{21} ʔu^{33} ȵy^{21} ɣa^{33} kʻɯ^{33}　　迷翁尼也到　　传到迷翁尼。

mi^{21} ndzu^{33} mi^{21} ʔu^{33} ȵy^{21}　　迷君迷翁尼　　君为迷翁尼，

mi^{21} mu^{55} mi^{21} sɿ^{55} sɿ^{33}　　迷臣迷斯斯　　臣为迷斯斯，

mi^{21} pu^{13} mi^{21} ʐɯ^{33} ʐɛ^{33}	迷布迷依额	布摩迷依额。
mi^{21} tɯ^{33} ma^{21} ɕi^{13} mi^{33}	迷单不死天	唯迷氏不死，
mi^{12} p'o^{21} fi^{55} ʐɯ^{33} lɯ^{55}	迷逃东也去	逃往东边去，
lu^{21} lɛ^{21} xɯ^{21} ȵy^{21}	鲁 勒 侯 尼	在鲁勒侯尼，
mu^{33} ndʑo^{13} xɯ^{21} na^{33}	姆 垌 侯 那	在姆垌侯那，
bu^{21} ɣa^{33} ts'u^{33} kɯ^{55}	补 雅 楚 勾	在补雅楚勾，
ȵɹ^{55} dzɛ^{21} xɯ^{21} ʂɛ^{13}	涅 则 侯 舍	涅则侯舍，
t'ɯ^{55} tɛ^{13} t'ɯ^{55} dzu^{21} lɯ^{33}	其立其住了	立基业住下。

t'ɯ^{21} ɣo^{13} tɛ^{13} ȵɹ^{33} t'ɯ^{55}	特俄待乃一	一代特俄待，
tɛ^{13} ɣa^{33} ko^{13} ȵɹ^{33} ȵɹ^{55}	待雅果乃二	二代待雅果，
ko^{13} ɣa^{33} ts'ɯ^{21} ȵɹ^{33} sɯ^{33}	果雅策乃三	三代果雅策，

tsʻɯ^{21} ɣa^{33} pʻa^{13} ṇɹ^{33} ɬi^{33}　　策雅帕乃四　　四代策雅帕，

pʻa^{13} va^{13} va^{13} ṇɹ^{33} ŋu^{33}　　帕瓦瓦乃五　　五代帕瓦瓦，

va^{13} va^{13} bu^{21} ṇɹ^{33} tɕʻo^{13}　　瓦瓦哺乃六　　六代瓦瓦哺。

pʻa^{13} dɯ^{13} tɕʻo^{13} tsʻɿ^{13} lo^{13}　　帕出六代了　　帕氏六代后，

pʻa^{13} bu^{33} bu^{33} ɣa^{33} kʻɯ^{33}　　帕哺哺也到　　传到帕哺哺。

pʻa^{13} ndzu^{33} pʻa^{13} tʻu^{33} tʻu^{33}　　帕君帕妥妥　　君为帕妥妥，

pʻa^{13} mu^{55} pʻa^{13} ndzy^{21} ŋgo^{21}　　帕臣帕苴阁　　臣为帕苴阁，

pʻa^{13} pu^{13} pʻa^{13} sɿ^{55} sɿ^{33}　　帕布帕斯斯　　布摩帕斯斯。

pʻa^{13} tɯ^{33} ma^{21} ɕi^{13} mi^{33}　　帕只不死天　　唯帕氏不死，

bo^{21} ty^{21} ty^{21}　　山 对 对　　选择山谷地，

tsʻɿ^{21} vu^{33} vu^{33}　　沼 密 密　　选择沼泽地，

ʑi^{21} ṇɹ^{55} ʂa^{33} ɣa^{33} dʐo^{33}　　水抛洒也在　　傍水而居住。

t‘y^{21}tɛ^{13}t‘y^{21}dzu^{21}lɯ^{33}　　其立其住了　　立足住下了。

hɪ^{21}ndzu^{33}t‘ɯ^{21}fu^{33}ndzɯ^{21}　　天君地王议　　天君地王议，

su^{21}ɬi^{33}mu^{33}hɪ^{13}dzɛ^{55}　　人四马四骑　　四人骑四骑，

na^{33}lɯ^{21}vɛ^{21}tɕ‘y^{13}tɯ^{33}　　深远左角就　　从遥远左角，

na^{33}lɯ^{21}ʑu^{21}tɕ‘y^{13}tʂ‘u^{33}　　深远右角驰　　往遥远右角。

ts‘u^{33}na^{33}sɯ^{33}bo^{21}ndʐa^{33}　　地黑三份查　　查大地三方，

tɕ‘o^{13}vu^{33}ʑɛ^{33}ȵɪ^{33}tsy^{13}　　六力大乃导　　开导六力士。

ɬu^{33}to^{33}ȵɪ^{55}vu^{33}ʑɛ^{33}　　鲁朵两力大　　鲁朵两力士，

sɿ^{33}ɬi^{13}ȵɪ^{55}vu^{33}ʑɛ^{33}　　斯里两力大　　斯里两力士，

sɛ^{13}tʂ‘ʅ^{21}ȵɪ^{55}vu^{33}ʑɛ^{33}　　塞赤两力大　　塞赤两力士。

tɕ‘o^{13}vu^{33}ʑɛ^{33}tsy^{13}lo^{13}　　六力大导了　　开导他们后，

tsʻu33 na33 tʻa21 bo21 ndzą33	地黑一方查	查大地一方，
vu33 ɬo33 tsʻɔ21 tsy13 ɬo13	武洛撮导了	开导武洛撮。
na33 ʑi33 tʻa21 bo21 ndzą33	黑水一方查	查一方江河，
mi21 ɣa33 ndʐo55 tsy13 ɬo13	迷与觉导了	把迷觉开导。
dzu21 tʂʻu21 ŋɯ33	居　邻　是	虽说是邻居，
ndʐɛ21 pa33 ŋɯ33 ɣa21 no33	住伴是也呢	虽说是邻里，
ndzu33 fu33 dʐɛ55 na33 fe13	君王附见照	得君王关照，
tʻɯ21 dʐu33 ţʻu55 ma21 ho21	说听面不见	听过没见过。
ʂʅ21 ʐɯ33 tʂʻu33 mi33 mu21	先之展天作	天初开之时，
mi13 pʻa33 se33 ma21 dzo33	地半木不长	有不毛之地，
ma21 ɬo13 du33 ɣa33 fa13	不耕穴与崖	洞穴与悬崖，
tʻy21 tɛ13 tʻy21 dzu21 lɯ33	其立其住了	即是其家园。

hɯ^{21} ȵo^{33} bu^{33} sɯ^{33} tʂʻɛ^{21} hɯ^{21}

恒略的三支僰源①

ɬu^{33} dɯ^{13} vu^{33} dɯ^{13} ɬɯ^{13}	鲁出武出共	鲁与武共生；
to^{33} do^{21} vu^{33} do^{21} ɬɯ^{13}	朵出武出共	朵同武共生②。
tʻu^{33} lu^{33} dzɯ^{21} tʻo^{21} ʑɯ^{33}	宇宙岭底合	在宇宙上下，
dzɯ^{21} mu^{12} mu^{21}	岭 高 高	出现了峻岭，
dzɯ^{21} le^{33} le^{33}	岭 延 延	出现绵延岭，
dzɯ^{21} tʻu^{55} lu^{33} ɬi^{55} lɯ^{33}	岭面显生了	出现峥嵘岭。
dzɯ^{21} mu^{33} mu^{33}	岭 高 高	高耸的峻岭，
dzɯ^{21} le^{33} le^{33}	岭 延 延	绵延的山岭，
dzɯ^{21} tʻu^{55} lu^{33} ɣa^{21} no^{33}	岭面显也呢	峥嵘的山岭，
ɬu^{33} to^{33} dzɯ^{21} mu^{33} mu^{33}	鲁朵岭高高	鲁朵岭高峻，

sɿ^{33} ɬi^{13} dzɯ^{21} le^{33} le^{33}　　斯里岭延延　　斯里岭绵延，

mi^{21} ndʑo^{21} dzɯ^{21} tʻu^{55} lu^{33}　　迷觉岭面显　　迷觉岭峥嵘。

ɬu^{33} ɣa^{33} to^{33}　　鲁 也 朵　　并不是鲁朵，

sɿ^{33} ɣa^{33} ɬi^{13}　　斯 也 里　　并不是斯里，

mi^{21} ɣa^{33} ndʑo^{21} ma^{55} ŋɯ^{21}　　迷也觉不是　　也不是迷觉。

vu^{33} mbu^{55} ɬu^{33}　　武 盖 鲁　　是武掩盖鲁，

vu^{33} mbu^{55} to^{33}　　武 盖 朵　　武掩盖朵氏，

vu^{33} mbu^{55} sɿ^{33}　　武 盖 斯　　武掩盖斯氏，

vu^{33} mbu^{55} ɬi^{13}　　武 盖 里　　武掩盖里氏，

vu^{33} mbu^{55} mi^{21}　　武 盖 迷　　武掩盖迷氏，

vu^{33} mbu^{55} ndʑo^{21} ɣa^{33} sɯ^{55}　　武盖觉也似　　武掩盖觉氏。

ʂɿ^{21} ɣa^{33} lɯ^{55} mi^{33} mu^{33}　　什之娄米姆　　什家娄米姆，

dzɯ^{21} ʔu^{33} dɪ^{13} ʑɯ^{33} mo^{21}　　哲厄蒂之母　　生了哲厄蒂；

ʂo^{13} ʑɯ^{33} lɯ^{55} tsʻɯ^{21} ʑɯ^{33}　　勺之娄策依　　勺家娄策依③，

vu^{33} dɪ^{13} bu^{33} ʑɯ^{33} mo^{21}　　武蒂僰之母　　生了武蒂僰④；

ȵy^{21} ʑɯ^{33} lɯ^{55} na^{33} ɖɛ^{21}　　尼之娄那德　　尼氏娄那德，

bu^{33} ʑɯ^{33} zu^{33} sɯ^{33} mo^{21}　　僰之子三母　　生僰氏三子；

ɬi^{13} ʑɯ^{33} lɯ^{55} gɯ^{21} nɯ^{21}　　里之娄格能　　里氏娄格能，

bu^{33} ʑɯ^{33} zu^{33} ŋu^{33} mo^{21}　　僰之子五母　　生僰氏五子。

su^{13} ʈʻu^{13} ʈʻu^{55} tɕy^{33} tʻɯ^{21}　　人白脸九掐　　九掐脸白人，

tʻu^{33} lu^{33} ȵo^{21} ŋgo^{33} tɛ^{13}　　宇宙首门立　　把宇宙首门。

mi^{21} a^{33} tɕy^{33} lɯ^{33} dɪ^{13}　　嘴也九个生　　生有九张嘴，

ɣo^{21} mo^{21} tɕy^{33} tʂʻa^{33} dzu^{33}　　粮食九仓吃　　要吃九仓粮，

pʻa^{13} ȵɪ^{55} tɕy^{33} tsa^{13} ndo^{21}　　茶叶九里饮　　饮河流般茶。

ŋɛ^{21} nɯ^{21} tɕy^{33} hu^{21} tʂɯ^{13}　铜红九百驮　九百驮红铜，

dʑu^{21} t‘a^{21} kɛ^{13} mu^{33} dɪ^{13}　镯一条作戴　打一条手镯；

dʐɯ^{33} ɕɪ^{33} tɕy^{33} hu^{33} ho^{13}　畜毛九百担　九百担羊毛，

ɕy^{33} t‘a^{21} gu^{33} mu^{33} gu^{55}　毡一领作披　擀一领披毡；

mɛ^{33} na^{33} tɕy^{33} hu^{33} p‘ɪ^{33}　绸黑九百匹　九百匹黑绸，

t‘o^{21} t‘a^{21} tʂ‘ʅ^{21} mu^{33} ve^{13}　衣一件作穿　做一件衣穿。

ɖu^{21} zɛ^{33} tɕy^{33} hu^{33} k‘o^{13}　寿命九百岁　寿命九百岁，

ʔu^{33} ko^{13} ʂɛ^{13}　生　命　长　享长寿，

dzu^{33} lu^{33} ɣo^{21} ɣa^{21} no^{33}　食足了也呢　衣食富足，

kɛ^{55} fu^{33} nu^{33}　贵　富　深　富贵荣华，

ne^{33} ɣɯ^{21} ts‘ɛ^{13} lɯ^{55} vi^{21}　心愿全的了　随心所欲。

ɕi^{13} no^{33} dzɪ^{13} ma^{55} kɯ^{33}　死乃祭不会　死后不祭祀，

na^{33} ʑi^{33} gu^{21} ʐɯ^{33} xo^{55}	黑水里也送	送进大江内，
ʂɯ^{13} ŋu^{33} lɪ^{21} mo^{13} ʐu^{21}	獭鱼来尸收	由鱼獭收尸。

su^{21} n̥y^{21} ho^{21} ʔu^{33} dɪ^{13}	人青羊头生	青人长羊头，
tʻu^{33} lu^{33} tɕu^{55} ŋgo^{33} tɛ^{13}	宇宙次门立	把宇宙次门。
mi^{21} a^{33} tɕʻo^{13} lɯ^{33} dɪ^{13}	嘴也六个生	生有六张嘴，
ɣo^{21} mo^{21} tɕʻo^{13} tʂʻa^{33} dzu^{33}	粮食六仓吃	要吃六仓粮，
pʻa^{13} n̥ɪ^{55} tɕʻo^{13} tɪ^{21} ndo^{21}	茶叶六缸饮	要饮六缸茶。
ŋɛ^{21} nɯ^{21} tɕʻo^{13} hu^{21} tʂɯ^{13}	铜红六百驮	六百驮红铜，
dʐu^{21} tʻa^{21} kɛ^{13} mu^{33} dɪ^{13}	镯一条作戴	打一条手镯；
dʐɯ^{33} ɕɪ^{33} tɕʻo^{13} hu^{21} ho^{13}	畜毛六百担	六百担羊毛，
ɕy^{33} tʻa^{21} gu^{33} mu^{33} gu^{55}	毡一领作披	擀一领披毡；

mɛ^{33} na^{3} tɕʻo^{13} hu^{33} pʻɪ^{33}	绸黑六百匹	六百匹黑绸，
tʻo^{21} tʻa^{21} tʂʻʅ^{21} mu^{33} ve^{13}	衣一件作穿	做一件衣穿。
ɖu^{21} zɛ^{33} tɕʻo^{13} hu^{33} kʻo^{13}	寿命六百岁	寿命六百岁，
ʔu^{33} ko^{13} ʂɛ^{13}	生 命 长	享长寿，
dzu^{33} lu^{33} ɣo^{21} ɣa^{21} no^{33}	食足了也呢	衣食富足，
kɛ^{55} fu^{33} nu^{33}	贵 富 深	富贵荣华，
ne^{33} ɣɯ^{21} tsʻɛ^{13} lɯ^{55} vi^{21}	心愿全的了	随心所欲。
ɕi^{13} no^{33} dzɪ^{13} ma^{55} kɯ^{33}	死乃祭不会	死后不祭祀，
nɯ^{21} fa^{13} gu^{21} ʐɯ^{33} xo^{55}	红岩里也送	送进大岩内，
ɳɯ^{55} hu^{21} lɪ^{21} mo^{13} ʐu^{21}	虎豹来尸收	由虎豹收尸。
su^{21} na^{21} va^{13} mi^{55} dzo^{33}	人黑猪毛生	猪毛黑人，

t‘u^{33} lu^{33} tɕi^{13} ŋgo^{33} tɛ^{13}	宇宙幺门立	把宇宙末门。
mi^{21} a^{33} sɯ^{33} lɯ^{33} dɪ^{13}	嘴也三个生	生有三张嘴，
ɣo^{21} mo^{21} sɯ^{33} tʂ‘a^{33} dzu^{33}	粮食三仓吃	要吃三仓粮，
p‘a^{13} ɳɪ^{55} sɯ^{33} tɪ^{21} ndo^{21}	茶叶三层饮	要饮三缸茶。
ŋɛ^{21} nɯ^{21} sɯ^{33} hu^{21} tʂɯ^{13}	铜红三百驮	三百驮红铜，
dʐu^{21} t‘a^{21} kɛ^{13} mu^{33} dɪ^{13}	镯一条作戴	打一条手镯；
dʐɯ^{33} ɕɪ^{33} sɯ^{33} hu^{21} ho^{13}	畜毛三百担	三百担羊毛，
ɕy^{33} t‘a^{21} gu^{33} mu^{33} gu^{55}	毡一领作披	擀一领披毡；
mɛ^{33} na^{3} sɯ^{33} hu^{33} p‘ɪ^{33}	绸黑三百匹	三百匹黑绸，
t‘o^{21} t‘a^{21} tʂ‘ʅ^{21} mu^{33} ve^{13}	衣一件作穿	做一件衣穿。
ɖu^{21} zɛ^{33} sɯ^{33} hu^{33} k‘o^{13}	寿命三百岁	寿命三百岁，
ʔu^{33} ko^{13} ʂɛ^{13}	生　命　长	享长寿，

ne^{33} ɣɯ^{21} tsʻɛ^{13} lɯ^{55} vi^{21}　　心愿全的了　　随心所欲。

ɕi^{13} no^{33} dzɪ^{13} ma^{55} kɯ^{33}　　死乃祭不会　　死后不祭祀，

zɛ^{55} ȵy^{21} gu^{21} ʑɯ^{33} xo^{55}　　箐青里也送　　送进箐林内，

dʑy^{33} ȵɪ^{55} lɪ^{21} mo^{13} ʑu^{21}　　野兽来尸收　　任野兽收尸。

tʻu^{33} lu^{33} ȵo^{21} ŋgo^{33} no^{33}　　宇宙首门呢　　宇宙首门，

tʻu^{33} lu^{33} no^{33} tʻu^{33} tʻu^{33}　　宇宙乃嚷嚷　　显得很闹热；

tʻu^{33} lu^{33} tɕu^{55} ŋgo^{21} no^{33}　　宇宙次门呢　　宇宙次门，

tʂu^{13} hɛ^{21} no^{33} zy^{33} zy^{33}　　钟鸣乃阵阵　　传阵阵钟声；

tʻu^{33} lu^{33} tɕi^{13} ŋgo^{21} no^{33}　　宇宙幺门呢　　宇宙末门，

kʻɯ^{33} ɣo^{13} tʻu^{13} kʻɯ^{33}　　沿 内 白 沿　　亮的门内外，

kʻɛ^{33} na^{33} mo^{13} mu^{33} dza̧^{33}　　幕黑盖的样　　像盖上黑幕。

su^{21} ȵy^{21} ȵɯ^{55} ʔu^{33} dɪ^{13}	人青虎头生	长虎头青人，
tʻu^{33} lu^{33} ɣɯ^{21} ʈʻu^{55} ha^{13}	宇宙外面守	守宇宙门外，
vu^{55} to^{33} zɯ^{33}	鸟 掌 握	掌握着太阳，
ȵɯ^{55} to^{33} zɯ^{33} mu^{33} lu^{33}	虎掌握作了	掌握着月亮。

su^{21} nɯ^{21} ȵɯ^{55} la^{13} dzo^{55}	人红虎爪生	长虎爪红人，
sɛ^{13} to^{33} vu^{33}	虹 掌 管	管理着彩虹，
tʂʻʅ^{21} to^{33} vu^{33} dɯ^{13} lɯ^{33}	彩掌管处的	管理着云霞。
su^{13} ʂɛ^{13} vu^{55} kɯ^{13} dzo^{33}	人黄鸡冠生	长鸡冠黄人，
kʻɪ^{13} tʻu^{55} so^{21} tʻu^{55} tʻy^{21} lɪ^{21} vi^{21}	夜时昼时他来使	把昼夜掌管，
mi^{33} kɪ^{13} ʂɛ^{13} ndʐo^{33} tʂʻɛ^{55}	天黑金锁挂	天黑挂金锁，
dʑi^{21} ɖɯ^{21} na^{33} dɯ^{33} tɕʻɯ^{55}	日落黑沉蔽	黑幕闭落日，

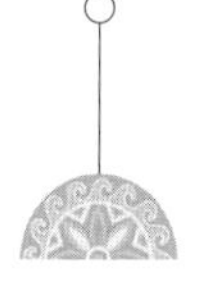

lɯ^{33} kɯ^{13} ko^{13} dɪ^{13} ʑi^{13}	动会命有睡	动物都入睡。
mi^{33} so^{21} lɪ^{21} lu^{33} no^{33}	天亮来了呢	黎明到来时，
so^{33} ŋgo^{21} tʻy^{21} lɪ^{21} pʻu^{21}	昼门他来开	把昼门打开，
hɪ^{21} ŋgo^{33} fi^{55} ʐɯ^{33} bu^{21}	天门东也开	从东打开门。
tʻɯ^{33} ndʐa^{33} lɪ^{21} lu^{21} no^{33}	明黎来了呢	天亮了之后，
ma^{21} to^{55} su^{13} ma^{21} dʐo^{21}	不起者不有	没有不起的。
bu^{33} ʐɯ^{33} zu^{33} ɣa^{21} no^{33}	僰氏之子呢	僰氏的儿子，
tʻy^{21} zy^{55} hɪ^{21} ɳo^{33} tsʻo^{13}	其偶恒略塑	在恒略塑像，
tʻy^{21} bu^{33} hɪ^{21} ɳo^{33} tu^{13}	其像恒略立	在恒略立像，
tʻy^{21} ŋɛ^{21} hɪ^{21} ɳo^{33} dɛ^{33}	其铜恒略打	在恒略打铜，
tʻy^{21} mɛ^{33} hɪ^{21} ɳo^{33} ɣa^{13}	其绸恒略织	在恒略织绸。
tɕɪ^{13} sɯ^{33} xɯ^{55} ɣa^{33} fe^{13}	星三类也司	管三个星座，

t‘y^{21}no^{33}t‘y^{21}lo^{13}lɯ^{55}　　其乃此是了　　就是这样的。

注释:

① 恒略的三支僰 :“僰”的含义是“以石、木、铜等雕塑或铸造出来的像”，引申为“雕塑或铸造像来供奉的人”，以及“崇拜与供奉偶像的族群”。“僰”作为古彝人的重要组成部分，用其图腾信仰来称呼他们。恒略的三支僰 : 指九掐脸白人、长羊头青人，长猪毛黑人。

② 鲁与武共生，朵同武共生：这里说明了武僰部与鲁朵的有着共同的源头。

③ 娄策依：人名，出自什勺氏的女子。

④ 武蒂僰：恒略的三支僰之祖，即九掐脸白人、长羊头青人，长猪毛黑人之祖。

hɪ^{21} dʑi^{33} bu^{33} ŋu^{33} tʂʻɛ^{21} hɪ^{21}

天下五支僰源①

bu^{33} ɣa^{33} zu^{33} ŋu^{33} no^{33}　　僰也子五呢　　在五支僰中，

bu^{33} ȵo^{21} bu^{33} a^{21} lu^{33}　　僰内僰阿鲁　　僰阿鲁居首。

bu^{33} a^{21} lu^{33} ȵɪ^{33} tʻɯ^{55}　　僰阿鲁乃一　　一代僰阿鲁，

lu^{33} a^{33} tsʻɔ^{13} ȵɪ^{33} ȵɪ^{55}　　鲁阿措乃二　　二代鲁阿措，

tsʻɔ^{13} a^{21} tɛ^{13} ȵɪ^{33} sɯ^{33}　　措阿待乃三　　三代措阿待，

tɛ^{13} tʻʂɯ^{21} kʻɯ^{33} ȵɪ^{33} ɬi^{33}　　待仇叩乃四　　四代待仇叩②，

tʂʻɯ^{21} kʻɯ^{33} zu^{33} ȵɪ^{33} ŋu^{33}　　仇叩若乃五　　五代仇叩若。

tʻu^{33} lu^{33} ɬi^{33} ṭʻu^{55} tɛ^{13}　　宇宙四面立　　在东南西北，

ṭʻu^{13} ʂu^{21} ṭʻu^{13} zy^{55} tsʻo^{13}　　银收银偶塑　　征银塑偶像，

ʂɛ^{13} ʂu^{21} ʂɛ^{13} bu^{33} tu^{13}　　金收金像造　　征金造偶像，

dʑi^{33} ʂu^{13} dʑi^{33} dzɛ^{21} ts'o^{13}	铜收铜树造	征铜制神树，
xɯ^{21} ʂu^{13} xɯ^{21} zɛ^{21} tu^{13}	铁收铁柱立	征铁立铁柱。
ts'ɯ^{21} ɲɪ^{55} tɛ^{13} ts'o^{13} t'a^{55}	十二点苍上	在点苍属地③，
ts'ɯ^{21} ɲɪ^{55} mbu^{33} na^{33} ve^{13} lɪ^{21} sɛ^{21}	十二衣黑穿来主	交十二黑衣管，
p'u^{55} hy^{13} ɬi^{33} ɣo^{21} tʂ'ɛ^{55}	父赋四也派	四处派天赋，
mo^{21} ŋgu^{33} ɬi^{33} ɣo^{21} no^{21}	母租四也征	四处征地租，
p'u^{55} ʑɯ^{33} hy^{13} tʂɛ^{55} ɳɯ^{33}	父之赋派律	定租赋制度，
ʑi^{55} dʐo^{21} ʂa^{13} ʑɯ^{33} ŋgu^{21}	辉在散也租	在各地施行，
tu^{13} dy^{33} ʈ'u^{13} ɣa^{33} ʑy^{21}	千削白也数	削木牍记数，
nɯ^{55} ʑɯ^{33} sɪ^{33} t'e^{13}	彝 之 木 刻	彝家的刻木。
p'u^{55} ʑɯ^{33} tʂu^{13} ʑɛ^{33} dzu^{33}	父也酬大食	得天赐之酬，
mo^{21} ʑɯ^{33} fo^{33} ʑɛ^{33} ta^{21}	母之禄大讨	享地上俸禄，

ŋgu^{21}t'o^{21}vu^{33}mu^{33}dzu^{33}	租管远作吃	遍地收租赋。
t'y^{21}no^{33}t'y^{21}lo^{13}lɯ^{55}	其乃此是了	就是这样的。

注释:

①② 五支僰、待仇叩:武蒂僰的后代。

③ 点苍:今云南大理的苍山。

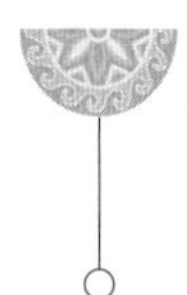

tʂu^{13} ka^{13} a^{21} lu^{33} hɪ^{21}

支格阿鲁源①

Reading	Gloss	Translation
tɕu^{55} no^{33} bu^{33} a^{33} ʑy^{21}	次乃僰阿余	次为僰阿余。
bu^{33} a^{33} ʑy^{21} ṇɹ^{33} tʻɯ^{55}	僰阿余乃一	一代僰阿余②，
ʑy^{21} a^{33} sɿ^{33} ṇɹ^{33} ṇɹ^{55}	余阿斯乃二	二代余阿斯，
sɿ^{33} a^{33} dʑu^{13} ṇɹ^{33} sɯ^{33}	斯阿觉乃三	三代斯阿觉，
dʑu^{33} dʐɯ^{21} ha^{13} ṇɹ^{33} ɬi^{33}	觉直哈乃四	四代觉直哈，
dʐɯ^{21} ha^{13} ḍu^{21} tʂu^{13} ŋu^{33}	直哈笃支五	五代直哈笃，
ḍu^{21} tʂu^{13} ka^{13} ṇɹ^{33} tɕʻo^{13}	笃支格乃六	六代笃支格，
tʂu^{13} ga^{13} a^{21} lu^{33} ɕi^{55}	支格阿鲁七	七代支格阿鲁。
a^{21} lu^{33} zɛ^{21} ɣa^{33} no^{33}	阿鲁世也呢	阿鲁的时代，
hɪ^{21} ʐɯ^{33} tsʻɯ^{21} dʑy^{33} ndzu^{33}	天之策举祖	天上策举祖③，

彝文注音	直译	意译
tɕʻo^{13} ʂu^{13} hɛ^{33} n̥ɪ^{33} tsɿ^{13}	六寻贤乃遣	派遣六使者④，
zu^{33} ʐɛ^{33} ʂu^{13} mu^{33} lu^{33}	子大找作了	找地上长子，
tʂu^{13} ka^{13} a^{21} lu^{33} ɣo^{21}	支格阿鲁得	得支格阿鲁，
hɪ^{21} mi^{33} lɯ^{55} hu^{21}	恒 米 娄 洪	到恒米娄洪⑤。
bu^{13} zu^{33} dɪ^{13} no^{33} hɪ^{13}	巴若者乃奇	巴若貌奇特⑥，
ba^{13} zu^{33} dɪ^{13} no^{33} ha^{33}	巴若者乃怪	巴若带异相，
ndzu^{33} fu^{33} ʈʻu^{55} tʻa^{21} ʈu^{55}	君王面别见	回避着君王。
nu^{33} a^{33} tʂo^{13} lɯ^{55} hɛ^{13}	调也转的站	转过身来时，
ʐɛ^{33} ʐɯ^{33} tsʻɯ^{21} dʐy^{33} ndzu^{33}	大大策举祖	至尊策举祖，
na^{33} pi^{55} hɯ^{33} hɯ^{33}	目 光 注 注	以专注目光，
tʂo^{13} a^{21} lu^{33} lo^{55} n̥ɪ^{13}	转也阿鲁观	把阿鲁观察。
tʻa^{21} ʔu^{33} ndɛ^{33} ɣa^{33} n̥ɪ^{13}	一头顶也观	观他的头顶，

gu^{55} a^{33} nɯ^{55} ʐɪ^{33} dɪ^{13}　沽也能像带　带着沽能相⑦；

ɳɪ^{55} ɳɪ^{13} pu^{21} ɣa^{33} ɳɪ^{13}　两嘴唇也观　观他的嘴唇，

ʂɛ^{13} ɣa^{33} ʈa^{13} lu^{33} dzɯ^{21}　蛇也鹰雄聚　带着龙鹰相；

ɳɪ^{55} tɕʻi^{13} tʻo^{55} ɣa^{33} ɳɪ^{13}　两脚底也观　观他双脚底，

sɛ^{55} ɣa^{33} ho^{21} ʐɪ^{33} dɪ^{13}　知也识像带　带着知识相；

ɳɪ^{55} ko^{21} to^{21} ɣa^{33} ɳɪ^{13}　两膀臂也观　观他两臂膀，

dzu^{33} ɣa^{33} tɕɪ^{13} sɯ^{33} dzo^{33}　豹与虎似生　带着虎豹相；

ɳɪ^{55} va^{13} bo^{21} ɣa^{33} ɳɪ^{13}　两肩膀也观　观他两肩膀，

tʂɯ^{55} ɣa^{33} ʂu^{13} ʐɪ^{33} dɪ^{13}　收与理像带　带着治世相；

ɳɪ^{55} bo^{21} bi^{21} ɣa^{33} ɳɪ^{13}　两面颊也观　观他两面颊，

pu^{13} ɣa^{33} ho^{21} nɯ^{13} tʂɪ^{33}　霪青雨雾显　若布着雨雾。

zu^{33} nɯ^{13} kʻu^{33} hu^{33} ɬo^{33}　子少威望满　是壮志少年，

彝文	直译	意译
dʑi^{21} lu^{21} dzɛ^{21} ŋɯ^{33} dɪ^{13}	命运树是者	是取功绩者。
hɪ^{21} bo^{21} tɯ^{13} ndʐọ^{33} pʻu^{21}	天属箱锁开	打开天箱锁，
pʻu^{21} ʂu^{55} du^{21} ʑu^{21} tɯ^{33}	天测杖取用	取出测天杖。
tʻɯ^{21} bo^{21} no^{13} ʈo^{33} ɖɯ^{55}	地属地簧松	松开地锁簧，
no^{13} ndʐạ^{33} ndo^{33} ʑu^{21} dɪ^{13}	地量绑取带	取量地绑带，
ɬi^{33} ɖɯ^{21} ŋgɛ^{33}	里 直 陔	带领里直陔⑧，
hɪ^{13} mɛ^{13} hɛ^{33} ɲɪ^{33} ɕɛ^{55}	艮卖海乃领	带领艮卖海⑨。
sɿ^{33} ɬi^{13} tɕy^{33} bu^{21} dzu^{33}	斯里九力士	斯里九力士⑩，
ɣo^{21} sɯ^{33} tʂʻo^{55} mu^{33} tɕu^{55}	路行伴作随	也作随从带。
sɛ^{13} mi^{33} ndʐu^{55} xɯ^{21}	虹 饰 珠 嵌	用玛瑙珠子，
ʑa^{13} ʂu^{55} mi^{21} mu^{33} tɪ^{13}	刀备剑作安	把佩剑装饰。
pʻu^{21} ndʐạ^{33} mi^{33} kʻɛ^{33} tʻy^{21}	土测天北他	北上把天测，

noʻ^{13} ndẓa^{55} mi^{33} ɣo^{13} ndẓo^{33}	地量天南过	南下把地量。
lu^{33} lɛ^{21} nɯ^{55} pʻu^{21} tʂu^{55}	马颈中央逼	策马进中央，
go^{13} lɪ^{21} ku^{33} tʂʻu^{33} pʻo^{33}	归来折转返	才返回复命。
tsʻɯ^{21} dẓy^{33} ndzu^{33} tɕʻi^{13} mɛ^{33}	策举祖脚边	策举祖跟前，
tʻy^{21} ɣa^{33} kʻɯ^{33} lɪ^{21} lu^{33}	其也到来了	他来禀报说：
pʻu^{21} ndẓa^{33} no^{13} ndẓa^{55}	天 测 地 量	测天与量地，
ẓo^{21} lɪ^{21} ndẓa^{33} du^{33} gɯ^{33}	已来为完了	已经完成了。
dẓy^{33} ndzu^{33} tʻy^{21} ho^{33} dẓy^{21}	举祖其也乐	举祖喜欢他，
hɪ^{21} ẓɯ^{33} tsu^{13} ẓɛ^{33} dzu^{33}	天之禄大食	天上的俸禄，
tʻa^{21} tʂu^{13} ka^{13} lu^{21} tʂu^{33}	一支格与食	给支格一份；
tʻɯ^{21} ẓɯ^{33} fu^{33} ẓɛ^{33} ta^{21}	地之俸大讨	地上的俸禄，
tʻa^{21} fu^{33} a^{21} lu^{33} ndo^{21}	一俸阿鲁交	交阿鲁一成。

tʻu^{33} lu^{33} tʻa^{21} tɕʻy^{13} ndo^{33}	宇宙顶极上	天地的顶端，
tʂu^{13} ka^{13} a^{21} lu^{33} ɳɪ^{21}	支嘎阿鲁坐	由阿鲁来坐，
kʻo^{13} ʂu^{55} hu^{21} kʻɪ^{33}	年 分 月 断	历法的制订，
tʻy^{21} a^{21} lu^{33} lɪ^{21} mu^{21}	其阿鲁来作	由阿鲁承担。
tʻɯ^{21} ʑɯ^{33} zu^{33} ʑo^{33}	地 之 子 生	地上的人，
mu^{21} ʑɯ^{33} ʑɛ^{33} nu^{55} ndɯ^{21}	高之大事当	替天上办事，
tʻa^{21} ʑo^{21} tʻy^{21} dʐo^{33} vi^{21}	一员他在焉	就数他这人。
tʂu^{13} ka^{13} a^{21} lu^{33} tʻɯ^{55}	支格阿鲁一	一代支格阿鲁，
a^{21} lu^{33} ho^{21} ɳɪ^{33} ɳɪ^{55}	阿鲁洪乃二	二代阿鲁洪，
ho^{21} zu^{33} ho^{21} na^{33} sɯ^{33}	洪若洪那三	三代洪若洪那，
ho^{21} na^{33} vi^{13} vu^{33} ɬi^{33}	洪那禹武四	四代洪那禹武，
vi^{13} vu^{33} a^{21} ɣɯ^{21} ŋu^{33}	禹武阿额五	五代禹武阿额，

a^{21}ɣɯ^{21}kʻu^{33}lu^{33}tɕʻo^{13}　阿额苦鲁六　六代阿额苦鲁，

kʻu^{33}lu^{33}lɛ^{21}ȵɹ^{33}ɕi^{55}　苦鲁列乃七　七代苦鲁列，

ɖu^{21}lɪ^{21}a^{21}vu^{33}hɪ^{13}　笃列阿武八　八代笃列阿武，

a^{21}vu^{33}ko^{13}ȵɹ^{55}tɕy^{33}　阿武果涅九　九代阿武果涅，

ko^{13}ȵɹ^{55}ko^{13}ȵɯ^{55}tsʻɯ^{21}　果涅果尼十　十代果涅果尼。

ko^{13}nɯ^{55}zɛ^{21}ɣa^{33}no^{33}　果尼世也呢　果尼这一代，

ve^{21}lu^{21}kʻu^{33}mu^{33}　隈 卢 苦 姆　在隈卢苦姆[11]，

ȵɯ^{55}ʐɯ^{33}zu^{33}tɕy^{33}gu^{21}　尼之子九房　果尼有九子[12]：

ȵɯ^{13}ʂu^{55}ɣa^{33}ȵɯ^{13}ʂa^{13}　尼舒与尼啥　名尼舒和尼啥，

ȵɯ^{55}vu^{33}ɣa^{33}ȵɯ^{55}mu^{33}　尼武与尼姆　尼武和尼姆，

ȵɯ^{55}tɕʻi^{13}ɣa^{33}ȵɯ^{55}ko^{13}　尼启与尼葛　尼启和尼葛，

ȵɯ^{55}tɕi^{13}ɣa^{33}ȵɯ^{5}ku^{33}　尼纪与尼古　尼纪和尼古，

ɳɪ^{13} a^{21} ha^{33} ʑu^{33} tɕy^{33}	尼阿哈数九	尼阿哈第九。
ʔu^{33} ʑɯ^{33} tɕy^{33} ts'ɯ^{33} bo^{21}	首也九十山	上部九十山，
mi^{33} t'u^{13} bo^{21} ɣa^{33} ŋgɯ^{55}	米吐博也头	米吐博突出[13]；
mɛ^{21} ʑɯ^{33} hɪ^{13} ndɪ^{21} so^{33}	尾也八坝好	下为八大坝，
tɕ'i^{33} bu^{55} ndɪ^{21} ɣa^{33} t'i^{55}	启埠甸也下	启埠甸居末[14]；
vɛ^{21} ʑɯ^{33} tɕy^{33} bi^{55} bi^{21}	左之九山脉	左有九山脉，
ɬu^{33} hu^{21} dʑi^{21} ɣa^{33} ko^{13}	鲁洪纪也中	鲁洪纪居中[15]；
ʑu^{21} ʑɯ^{33} hɪ^{13} dʑy^{33} k'ɯ^{55}	右之八林间	右有八深林，
to^{33} k'o^{21} ʑɯ^{21} ɣa^{33} ɣo^{13}	朵可宥也内	朵可宥在内[16]。
t'y^{21} ɳɪ^{55} tɕu^{55} ʑɯ^{33} tɕy^{55}	其之间以下	在这片地方，
ʂa^{33} mi^{13} ɣo^{13} ndɪ^{55}	啥 靡 卧 甸	在啥靡卧甸[17]，
zy^{55} t'a^{21} gu^{21} k'o^{21} ts'o^{13}	偶一堂乃塑	塑满一堂像，

a^{21}lu^{33}zy^{55}mu^{33}tsʻo^{13}　阿鲁像作塑　专塑阿鲁像；

bu^{33}tʻa^{21}tʂʻɛ^{21}kʻo^{21}tu^{13}　像一室乃立　立一屋的像，

a^{21}lu^{33}bu^{33}mu^{33}tu^{13}　阿鲁像作立　专立阿鲁像。

ko^{33}ȵɯ^{55}tsʻɯ^{21}tɕʻo^{13}ke^{13}　果尼十六国　果尼十六国，

tʻɯ^{21} pʻa^{33} ɣo^{13} xɯ^{21}　特 帕 洱 海　特帕洱海⑱，

dɪ^{13}ȵɯ^{55}ke^{13}ɣa^{33}ŋgɯ^{55}　迪尼国也首　迪尼国最大，

ko^{21} lu^{33} ȵɪ^{13} lɪ^{21} sɛ^{21}　勃弄敛来主　属于勃弄敛⑲，

mi^{33}ʈʻu^{13}tʂɯ^{55}fe^{13}zɯ^{33}　天白召权掌　靠天威掌权，

tsʻu^{33}na^{33}ʂo^{21}kʻu^{33}ha^{13}　地黑集境守　凭地势保境，

tʻy^{21}tɛ^{13}tʻy^{21}dzu^{21}lɯ^{33}　其立其住了　立下了基业。

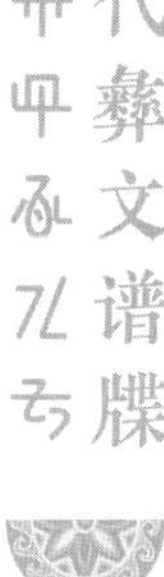

注释：

① 支格阿鲁：五支僰之一的僰阿余后裔，彝族传说中的英雄人物，大部分彝文文献中都有关于他的记载。

② 僰阿余：人名，武蒂僰所生的次子，支格阿鲁的祖先。

③ 策举祖：彝族传说中的天帝神，为世间的最高主宰。
④ 六使者：受天臣诺娄则委派，去人间寻找支格阿鲁的六位使者，即两位风使、两位雨使、两位雾使。
⑤ 恒米娄洪：传说中的地名，天帝策举祖居住的地方。
⑥ 巴若：指私生子，传说支格阿鲁是天神与天女相恋所生，身世神奇，以“巴若”特称。
⑦ 沽能相：沽指太阳，能指月亮，意为支格阿鲁相貌若日月。
⑧ 里直陔：神马名，支格阿鲁王的坐骑，为天君策举祖所赐，传说此神马能以神速飞行于天地的四面八方。
⑨ 艮卖海：又作“亥莫赫”，指八位良臣，传说中天君策举祖所封镇守八方的臣子。
⑩ 斯里：部族名兼神名，参见本书《斯里谱》。
⑪ 隈卢苦姆：地名，在今云南省的西部。
⑫ 果尼：人名，全称“果涅果尼”，支格阿鲁的第十一世孙。
⑬ 米吐博：山名，在云南省西部，应是苍山的主峰。
⑭ 启埠甸：以星宿名来命名的地名，在云南省西部。
⑮ 鲁洪纪：山名，今云南大理的苍山。
⑯ 朵可宥：地名，在今云南省大理州境内。
⑰ 啥靡卧甸：地名，云南省大理州境内大理坝子和祥云坝子的统称。
⑱ 特帕洱海：湖名，即云南大理的洱海。
⑲ 勃弄敛：又称“勃弄睑”“白崖睑”，为支格阿鲁后裔建立的政权名。

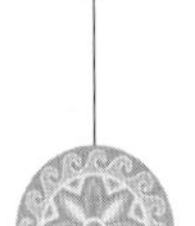

tʂʻɯ^{21}lɯ^{21}a^{21}mu^{55} hɪ^{21}

仇娄阿摩源①

tɕu^{55} no^{33} bu^{33} a^{21} ʑɪ^{33}	次乃僰阿迤	第二僰阿迤。
bu^{33} a^{21} ʑɪ^{33} ȵɪ^{33} tʻɯ^{55}	僰阿迤乃一	一代僰阿迤，
ʑɪ^{13} a^{21} pu^{13} ȵɪ^{33} ȵɪ^{55}	迤阿布乃二	二代迤阿布，
pu^{13} tɕʻi^{13} du^{55} ȵɪ^{33} sɯ^{33}	布启度乃三	三代布启度，
tɕʻi^{13} du^{55} ŋgu^{21} ȵɪ^{33} ɬi^{33}	启度固乃四	四代启度固，
ŋgu^{21} a^{21} ndʐu^{55} ȵɪ^{33} ŋu^{33}	谷阿珠乃五	五代谷阿珠。
ŋgu^{21} a^{21} ndʐu^{55} zɛ^{21} no^{33}	谷阿珠世呢	谷阿珠时代，
ɬu^{13} to^{33} ɣa^{33} sɿ^{33} ɬi^{13}	鲁朵也斯里	鲁朵与斯里，
sɛ^{13} tʂʻɿ^{21} ɣa^{21} mi^{21} ndʐo^{55}	塞赤也迷觉	塞赤和迷觉，
zɛ^{55} ɣa^{33} tʻu^{33} to^{33}	惹 雅 妥 朵	在惹雅妥朵②，

kɯ^{21} ʐɯ^{33} lu^{21} ga^{13}　　格依录嘎　　格依录嘎③，

tsʻɿ^{21} ţʻu^{13} du^{33} ʂɛ^{13}　　茨吐堵舍　　茨吐堵舍④，

hu^{21} lu^{33} vɛ^{21} bu^{33}　　洪鲁维埠　　洪鲁维埠⑤，

tʻy^{21} tɛ^{13} tʻy^{21} dzu^{21} lɯ^{33}　　其立其住了　　立业住下了。

ndʐu^{55} lu^{21} ʐɪ^{33} ȵɪ^{33} tɕʻo^{13}　　珠卢冶乃六　　六代珠卢冶，

ʐɪ^{33} nu^{33} vu^{33} ȵɪ^{33} ɕi^{55}　　冶诺武乃七　　七代冶诺武，

nu^{33} vu^{33} tʻɯ^{55} ȵɪ^{33} hɪ^{13}　　诺武特乃八　　八代诺武特，

tʻɯ^{55} ly^{21} lɯ^{21} ȵɪ^{33} tɕy^{33}　　特吕娄乃九　　九代特吕娄。

ly^{21} lɯ^{21} zɛ^{21} ɣa^{33} no^{33}　　吕娄世也呢　　到吕娄这代，

vɛ^{21} ʐɯ^{33} tsʻɿ^{33} ʂu^{33} lo^{21} na^{21} gɯ^{55}　　左之茨署洛那勾　　在茨署洛那勾⑥，

ly^{21} lɯ^{21} zu^{33} tɕy^{33} gu^{21}　　吕娄子九房　　吕娄生九子。

ly^{21} lɯ^{21} dʑu^{55} tɯ^{33} dzɿ^{21}　　吕娄觉只剩　　只剩吕娄觉，

tɕʻy^{13} ly^{55} hɪ^{21} ŋgɯ^{55} lɯ^{55}　　角求恒耿去　　去恒耿争雄，

ly^{21} lɯ^{21} tɯ^{33} mɛ^{13} lo^{13}　　吕娄兜名了　　更名吕娄兜。

ly^{21} lɯ^{21} tɯ^{33} n̥ɹ^{33} tʻɯ^{55}　　吕娄兜乃一　　一代吕娄兜，

tɯ^{33} ʔu^{33} mu^{33} n̥ɹ^{33} n̥ɹ^{55}　　兜乌蒙乃二　　二代兜乌蒙，

ʔu^{33} mu^{33} gɯ^{21} n̥ɹ^{33} sɯ^{33}　　乌蒙格乃三　　三代乌蒙格，

gɯ^{21} a^{33} hu^{21} n̥ɹ^{33} ɬi^{33}　　格阿洪乃四　　四代格阿洪，

hu^{21} a^{33} bu^{21} n̥ɹ^{33} ŋu^{33}　　洪阿补乃五　　五代洪阿补，

bu^{33} a^{33} pu^{13} n̥ɹ^{33} tɕʻo^{13}　　补阿布乃六　　六代补阿布，

pu^{13} pʻɛ^{21} vɛ^{33} n̥ɹ^{33} ɕi^{55}　　布迫维乃七　　七代布迫维，

pʻɛ^{21} vɛ^{33} sɿ^{55} n̥ɹ^{33} hɪ^{13}　　迫维斯乃八　　八代迫维斯，

sɿ55 tʂʻɯ21 ne33 n̥ɹ33 tɕy33　斯仇讷乃九　九代斯仇讷，

tʂʻɯ21 ne33 nɯ55 n̥ɹ33 tsʻɯ21　仇讷诺乃十　十代仇讷诺。

nɹ33 nɯ55 kʻu33 ɖɛ21 tʻɯ55　讷诺苦德一　一代讷诺苦德，

kʻu33 ɖɛ21 vɛ21 n̥ɹ33 n̥ɹ55　苦德维乃二　二代苦德维，

vɛ21 a33 ly21 n̥ɹ33 sɯ33　维阿吕乃三　三代维阿吕，

ly21 ʔu33 tʻu13 n̥ɹ33 ɬi33　吕武吐乃四　四代吕武吐，

ʔu33 tʻu13 ɣɯ21 n̥ɹ33 ŋu33　武吐额乃五　五代武吐额，

ɣɯ21 a21 lɯ21 n̥ɹ33 tɕʻo13　额阿娄乃六　六代额阿娄，

lɯ21 a21 mu33 n̥ɹ33 ɕi55　娄 阿 摩 七　七代娄阿摩。

lɯ21 a21 mu33 zɛ21 no33　娄阿摩世呢　娄阿摩世时期，

vu33 ʑɯ33 tɕy33 sɛ33 ŋɛ21　武之九萨厄　武族九萨厄⑦，

vu33 lu21 bi33 ʑɯ33 n̥o21　武城沿以里　在武的城内，

彝文读音	直译	意译
tʻu21ʐɿ33 tʂʻʅ21lɯ55ɳɿ13	本也展的看	展开地图看，
tʂʻɯ21pʻu21vu33pʻu21ɬɯ13	仇地武地连	仇国连武国，
tʂʻɯ21pʻu21ʂɛ13ʑy33ʑy33	仇地金灿灿	仇国金灿灿，
vu21 pʻu21ɖu21a33 sɯ55	武地耀也似	把武国照着。
vu33ʑɯ33tɕy33mi33ɣo21	武之九天家	武国的国王⑧，
su21 ɬi33 ɬi33 a21 tʂɿ33	人四四也选	选四路强将，
ɬi33ɣo21ŋgo33ɣa21lɿ33	四道门也来	从四面攻入，
dʐa33 dʐa33 ɣo21 gɯ55	沾 扎 俄 勾	沾扎俄勾地⑨，
tʂʻɯ21su13ɳo21ʑɯ33za13	仇住里也下	攻下仇地盘，
tʂʻɯ21 lɯ21 a21 mu33	仇 娄 阿 摩	把仇娄阿摩，
tsʻu33tɕy33tʂʻa33ɣa21tʻɯ13	地九条也扫	扫荡了出去。
tʂʻɯ21kʻɿ33vu33lɿ21kʻɿ33	仇攻武来攻	武国伐仇国，

tʂʻɯ^{21} ge^{13} tʻa^{21} ʑi^{55} ge^{13}	仇败一番败	仇氏亡了国。
a^{21} mu^{33} hɛ^{33} dʐɛ^{21} tʻɯ^{55}	阿摩海哲一	一代阿摩海哲，
hɛ^{33} dʐɛ^{21} pʻu^{55} ȵɪ^{33} ȵɪ^{55}	海哲铺乃二	二代海哲铺，
pʻu^{55} a^{21} ʈa^{13} ȵɪ^{33} sɯ^{33}	铺阿大乃三	三代铺阿大，
a^{21} ʈa^{13} a^{21} ndzu^{333} ɬi^{33}	阿大阿祖四	四代阿祖迂默。
a^{21} ndzu^{33} vi^{21} mɛ^{33} ŋu^{33}	阿祖迂默五	五代阿祖迂默，
tʂʻɯ^{21} ndzu^{33} tʂʻɯ^{21} vi^{21} mɛ^{33}	仇君仇迂默	仇君仇迂默，
dɯ^{21} ndzu^{33} dɯ^{21} a^{21} fu^{33}	陡君陡阿府	陡君陡阿府[10]，
vu^{33} ndzu^{33} vu^{33} a^{33} fu^{33}	武君武阿甫	武君武阿甫[11]，
tʻy^{21} sɯ^{33} hɛ^{33} lɯ^{21} zɛ^{33}	他三贤之世	三雄共处时，
pʻɛ^{21} ʑɯ^{33} sɛ^{13} a^{33} gɯ^{55}	迫依赛也勾	在迫依赛勾地[12]，

彝文注音	直译	意译
dɯ^{21}lɪ^{21} tʂʻɯ^{21}gɯ^{21}ʑɪ^{33}	陡来仇战争	陡氏攻仇氏⑬，
tʂʻɯ^{21}tʂʻu^{21} dɯ^{33}lɪ^{21} tsʻɪ^{33}	仇种德来灭	要灭仇氏种，
tʂʻɯ^{21}dzu^{21}vu^{55}tɯ^{55} dzɿ^{21}	仇住乌只剩	只剩下乌君⑭，
tʂʻɯ^{21}ge^{13}dzɯ^{55}dzɿ^{21}su^{13}	仇断残余者	率仇氏残余，
tʂʻɯ^{21}tʂʻɯ^{55}mi^{33}ɣo^{13} lɯ^{55}	仇迁天南去	迁到南边去⑮，
tʂʻɯ^{21}ȶʻe^{13}ȶʻu^{13}mu^{33}dzu^{21}	仇变白作列	仇氏变白彝⑯。
tʻy^{21} no^{33}tʻy^{21} lo^{13} lɯ^{55}	其乃此是了	就是这样的。

注释：

① 仇娄阿摩：系武蒂赪所生五支赪之一的赪阿迤后裔，支格阿鲁的家族。卢夷之国——朱提国的第22世王。仇娄阿摩谱，在《西南彝志》里有28代，在《彝族源流》里有29代，在本书里有32代，仇娄阿摩部当是古老的卢夷之国，卢夷之“卢”应与仇娄阿摩部的“鲁星”崇拜有关。仇娄阿摩时期，一是改国名为“朱提”，二是公元前316年，秦惠文王派张仪、司马错灭巴蜀，株连朱提国，朱提的中心被迫转移。《西南彝志》（第十一卷）、《彝族源流》（第十卷）、《彝家宗谱》、《彝族创世志》等四部彝文文献有“仇氏首次受攻击”，或“武家大队人马，从四面进攻，阿卓赤的宫殿，很快被攻占”，或“武家大皇帝，征召四方人马，从四面开来，向扎沾俄勾，仇地盘攻来，要把仇娄阿摩，从世间铲除。仇家遭武攻击，一度遭了殃”的记录。仇娄阿摩又是彝族车苏支系与车姓之祖，朱提国后为扎沾俄勾，《元史·地理志四》载：“嵩明州，治沙礼卧城，乌蛮车氏所筑，白蛮名为嵩明。昔汉人居之，后乌、白蛮强盛，汉人徙去盟誓于此，因号嵩盟。”

②③④⑤⑥ 惹雅妥朵、格依录嘎、茨吐堵舍、洪鲁维埠、茨署洛那勾：地名，在今黔西北与滇东北之间。

⑦ 萨厄：主持原始宗教仪式的人。

⑧ 武国的国王：指秦灭巴蜀的秦国王惠文王。

⑨ 沾扎俄勾：政权名，统治范围在今云南沾益、曲靖等地，南诏时期被阿芋路联合南诏所灭。

⑩ 陡阿府："六祖"分支的第六支德施支系君长。

⑪ 武阿甫：指汉朝黄帝汉武帝。

⑫ 迫依赛勾：地名，在今贵州省威宁彝族回族苗族自治县境内。

⑬ 陡氏攻仇氏：约公元前136年左右，朱提国受"六祖"分支的德施支系攻打。

⑭ 乌君：阿着仇部在古曲州、靖州地的最后一位君长。

⑮ 迁到南边：指阿着仇部经今威宁草海、夸都一带渡可渡河，路过云南宣威，到沾益、曲靖这一事件。

⑯ 仇氏变白彝：即今他称的所谓"白彝"，汉文献上的西爨"白蛮"的主体。

ndzu^{21} zɯ^{33} zu^{33} tɕy^{33} gu^{21} hɪ^{21}

偬氏九子源①

音标	直译	意译
tɕu^{55} no^{33} bu^{33} sɯ^{33} ʑɛ^{21}	次乃僰叟邺	次分僰叟邺。
bu^{33} sɯ^{33} ʑɛ^{21} n̥ɪ^{33} tʻɯ^{55}	僰叟邺乃一	一代僰叟邺，
sɯ^{33} ʑɛ^{21} tɛ^{13} n̥ɪ^{33} n̥ɪ^{55}	叟邺待乃二	二代叟邺待，
tɛ^{13} a^{33} kʻɛ^{21} n̥ɪ^{33} sɯ^{33}	待阿克乃三	三代待阿克，
kʻɛ^{21} hɯ^{21} hɯ^{21} n̥ɪ^{33} ɬi^{13}	克横横乃四	四代克横横，
hɯ^{21} hɯ^{21} tʻa^{21} n̥ɪ^{33} ŋu^{33}	横横沓乃五	五代横横沓，
tʻa^{21} ɣa^{33} ndzu^{21} n̥ɪ^{33} tɕʻo^{13}	沓雅偬乃六	六代沓雅偬。
tʻa^{21} ɣa^{33} ndzu^{21} zɛ^{21} no^{33}	沓雅偬世呢	沓雅偬这代，
hɪ^{21} n̥o^{33} xɯ^{21} a^{33} fu^{13}	恒略侯也婚	与恒略侯家通婚。
xɯ^{21} ʐɯ^{33} va^{13} ʑɛ^{33}	侯 依 瓦 额	侯依瓦额，

ndzu^{21} ʑɯ^{33} zu^{33} tɕy^{33} mo^{21}　　偬之子九母　　生偬氏九子，

tɛ^{13} mɛ^{33} ɣo^{21} ga^{13}　　待买峨嘎　　住待买峨嘎②，

ndzu^{21} ʑɯ^{33} zu^{33} tɕy^{33} gu^{21}　　偬之子九处　　偬氏九支人，

tɛ^{13} ʑɯ^{33} hɪ^{13} p'u^{21} tɛ^{13}　　八也八原立　　八支有地盘。

mi^{33} ti^{33} p'u^{21} ma^{21} ʂo^{13}　　兄单地不受　　兄长不受地，

gɯ^{55} t'y^{21} gɯ^{55} ndʑy^{13} ʂo^{13}　　谷下谷上受　　得到壑谷地，

fa^{13} t'u^{13} dʐʅ^{21} hɪ^{21} ʂo^{13}　　崖白单根受　　建基悬崖旁；

gɯ^{55} t'y^{21} ɬo^{13} ma^{21} ne^{33}　　谷他牧不心　　放牧无条件，

gɯ^{55} hu^{21} ʂu^{13} ma^{21} ɣo^{21}　　谷山样不得　　没有利可图，

fa^{13} t'u^{13} dzu^{21} ma^{21} de^{13}　　崖白住不得　　悬崖无前途，

ʐo^{21} ʑɯ^{33} dzu^{21} ma^{21} de^{13}　　已也住不得　　不可住下去。

ʂu^{55} mi^{33} ȵy^{21} ȵɪ^{33} ŋgo^{21}　　利剑青也抽　　把利剑抽出，

tʻu33 pʻi21 lɯ55 ɣa33 tʻe13	茯苓的也刻	刻茯苓作记，
a21 ɣɯ55 tʻe13 dʐo21 su13	从前刻在者	从前刻下的，
ʔɛ21 hɛ21 tʻe13 dʐo21 sɿ33	而今刻在兮	如今依旧在。

hɪ21 ȵo33 hɯ21 a33 fu13	恒略哼与婚	与恒略哼连婚，
hy13 ha33 dʐɛ55 lɯ33 ɣo21	哼哈升了后	哼哈氏迁出，
hy33 mi33 ȵy21 ma21 dʐɛ55	哼米尼不升	哼米尼不迁。
mi33 ɣa33 tʻu13 ʈu33	米 雅 吐 朵	米雅吐朵③，
mu21 sɯ33 nɯ13 ɬi33 mo21	兄三妹四母	三兄四妹母。
mu21 ʐɯ33 nɯ13 tʻa21 dzɯ21	兄与妹一对	第一对兄妹，
tʂo13 lɯ33 hɪ1 ŋgɯ55 lɯ55	转的恒耿去	返回恒耿去④。
hɪ21 ŋgɯ55 kʻɯ33 ʐɯ33 ɣo21	恒耿到以后	到恒耿以后，

zɛ^{55} ɣa^{33} ŋɯ^{55} mo^{21} lo^{13}　惹与欧母了　生惹欧两支⑤，

gɯ^{55} tu^{55} ɣo^{13} ndʐɯ^{33}　鹤 置 鹃 团　崇鹤拜杜鹃，

zɛ^{55} ɣa^{33} ŋɯ^{55} lɪ^{21} mi^{55}　惹也欧来为　是惹欧兴起；

mu^{21} ʐɯ^{33} nɯ^{13} tʻa^{21} dzɯ^{21}　兄也妹一对　第二对兄妹，

tʂo^{13} lɯ^{55} hɪ^{21} dʐo^{13} lɯ^{55}　转的恒卓去　返回恒卓去⑥。

hɪ^{21} dʐo^{13} kʻɯ^{33} ʐɯ^{33} ɣo^{21}　恒卓到以后　到恒卓以后，

kʻɪ^{13} ɣa^{33} po^{33} mo^{21} lo^{13}　肯也博母了　生肯博两支⑦，

vu^{33} tʂʻɛ^{55} ndʐa^{13} tʻo^{21}　缆 挂 梯 管　制缆架索梯，

kʻɪ^{13} ɣa^{33} po^{21} lɪ^{21} mi^{55}　肯也博来为　系肯博兴起；

mu^{21} ʐɯ^{33} nɯ^{13} tʻa^{21} dzɯ^{21}　兄也妹一对　第三对兄妹，

tʂo^{13} lɯ^{55} hɪ^{21} mɛ^{33} ɖu^{55}　转的恒默去　返回恒默去⑧。

hɪ^{21} mɛ^{33} kʻɯ^{33} ʐɯ^{33} ɣo^{21}　恒默到以后　到恒默以后，

ʂu^{55} ɣa^{33} vu^{33} mo^{21} lo^{13}	输与武母了	生输武两支[9]。
ho^{21} tsʻo^{13} ɣa^{33} dzɯ^{21} kɯ^{55}	舟制也桥建	造船或建桥，
ʂu^{55} ɣa^{33} vu^{33} lɪ^{21} mi^{55}	输也武来为	输武支兴起。
ndzu^{21} ʐɯ^{33} zu^{33} tɕy^{33} ʐo^{33}	偬之子九员	着九支偬氏，
ʂa^{33} dɪ^{13} zy^{55} ma^{21} tsʻo^{13}	外属偶不塑	不仿外族塑像，
nɯ^{55} dɪ^{13} vɛ^{21} ma^{21} tʻu^{33}	彝属灵不设	不仿彝家供灵，
vu^{33} tʻe^{13} tʻu^{13} lo^{13} lɯ^{55}	武变吐的了	由武变为吐[10]。
lu^{21} va^{13} dʐa^{33} ʐɯ^{33} ɣɯ^{55}	鲁旺在以外	在鲁旺之外[11]，
tʻu^{13} ʐɯ^{33} ɕi^{55} gɯ^{55} dzɯ^{21}	吐之七勾则	吐分七勾则[12]，
ʈo^{55} tʻu^{33} dʐʅ^{21} ɣa^{33} dʐɯ^{21}	多同民也奴	居多同地为民[13]。
a^{33} dʐu^{33} tʂʻɯ^{21} no^{33} ho^{55}	阿着仇乃官	阿着仇为官[14]，
dɯ^{21} dɛ^{33} ʐu^{21} ɣa^{33} ʂu^{55}	德歹育雅输	育雅输居德歹[15]，

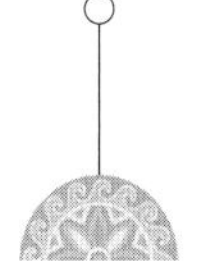

mu^{33}gɯ^{55}ndza̱^{13}ʑɯ^{33}ku^{33}	慕勾乍依古	乍依古居慕勾[16]。
tʻu^{13}ʑɯ^{33}ɕi^{55}gɯ^{55}dzɯ^{21}	吐也七勾则	吐支七勾则，
dzɯ^{21}ʑɯ^{33}dzɯ^{21}to^{33}fu^{13}	平也平待婚	平等互通婚。

注释：

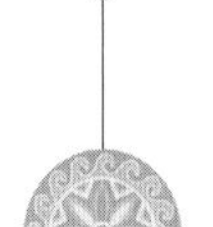

① 傯氏九子：系武蒂僰所生五支僰之一的僰叟郯后裔。
② 待买峨嘎：地名，在今云南省昭通市境内。
③ 米雅吐朵：武僰系统中两个世为姻亲部族的祖妣。
④ 恒耿：方位名，在今云南省大理白族自治州的苍山之北。
⑤ 惹欧两支：傯氏九子后裔中两个既善于制作兵器，又善于打仗的氏族，默德施部曾与之通婚，因而得到了不少的精良兵器。
⑥ 恒卓：方位名，在今云南省大理白族自治州的苍山洱海一带。
⑦ 肯博两支：傯氏九子后裔中两个善于制作缆架索梯的氏族。
⑧ 恒默：方位名，在今云南省昆明市一带。
⑨ 输武两支：傯氏九子后裔中乍依古和育雅居德歹两支。
⑩ 吐：他称的"白彝"，汉文献上的西爨"白蛮"。
⑪ 鲁旺：彝族先民把自己分布的范围按星座的对应划为八个区域，每个区域称为一个鲁旺。
⑫ 七勾则：彝族支系名亦职官名。一是指武僰时期，有仇娄阿摩、支格阿鲁、武蒂、武陀尼、武德本、武古笃、武濮所、恒略五家僰等被称之"七勾则"；二是指六祖分支的武支系九大支被称为"吐之七勾则"。
⑬ 多同地：地名，在今云南省陆良县境内。
⑭ 阿着仇：又译作"阿佐赤""阿仲赤""阿卓稠""阿朱提"，在今云南省曲靖市一带。
⑮ 育雅居德歹：德歹，地名，在今云南省昭通市，全称德歹濮卧。育，武僰傯氏的一个分支，为德施与古侯等支系所征服、奴役。
⑯ 乍依古居慕勾：乍依古是傯氏九子之一。慕勾，地名，全称慕俄勾，唐宋时的罗氏国或阿者国，含今贵州省毕节市大部分地区和贵阳市及遵义市部分地区。

ʑu^{21} hɪ^{21} ʂu^{2}
寻 育 源[1]

ndzu^{21} a^{33} ʂu^{55} ȵɪ^{33} tʻɯ^{55}	偬雅输乃一	一代偬雅输，
ʂu^{55} a^{33} ʑu^{21} ȵɪ^{33} ȵɪ^{55}	输雅育乃二	二代输雅育，
ʑu^{21} a^{33} na^{33} ȵɪ^{33} sɯ^{33}	育阿纳乃三	三代育阿纳，
ʂa^{33} mi^{13} lu^{21} bi^{33}	啥 靡 录 毕	在啥靡录毕[2]，
ʑu^{21} ʑɯ^{33} zu^{33} tɕy^{33} gu^{21}	育之子九房	育氏有九子。
ʑu^{21} ʑɯ^{33} sɯ^{21} zu^{33} ʑɛ^{33}	育之三子长	先是三长子，
ȵy^{21} tʂu^{13} lu^{21} mo^{21}	尼 注 城 大	到尼注大城[3]，
vu^{33} tʻo^{21} ȵy^{21} ʑɯ^{33} ɣo^{55}	武陀尼之家	在武陀尼家[4]，
mɛ^{33} ɣa^{13} dʑɪ^{21} tʂo^{13} lɯ^{33}	绸织坊转了	从事着织绸。
ʑu^{21} ʑɯ^{33} sɯ^{21} zu^{33} tɕu^{55}	育之三子次	再是三次子，

sɯ^{21} ma^{33} dʑy^{33} kɛ^{55}	升 麻 举 垓	到升麻举垓⑤，
ŋu^{33} lu^{33} nde^{33} ʑɯ^{33} ɣo^{55}	五陇邓之家	五陇邓地方⑥，
lu^{33} ŋu^{33} dɯ^{33} tʂo^{13} lɯ^{13}	牛耕处转了	从事着农耕。
ʑu^{21} ʑɯ^{33} sɯ^{21} zu^{33} ȵɪ^{13}	育之三子幼	育三个幼子，
dɯ^{21} dɛ^{33} ʑu^{21} lo^{13} lɯ^{55}	德歹育成了	称做德歹育，
hɪ^{21} ɣa^{33} xɯ^{21} ʑɯ^{33} ɣo^{55}	恒雅侯之家	在恒雅侯家⑦，
hɪ^{21} dzo^{33} ʑi^{13} ndo^{55}	房 建 屋 造	建造房屋，
mu^{33} dzɛ^{33} ʂʅ^{33} ʑɪ^{13} lɯ^{33}	马骑草割了	割草养马。
ʑu^{21} ʑɯ^{33} zu^{33} tɕy^{33} no^{33}	育也子九呢	育氏的九子，
tʻa^{21} mi^{33} ɣa^{33} ma^{55} ŋɯ^{21}	一天也不是	不占据一方，
tʻa^{21} tɕu^{33} ɣa^{33} ma^{21} ʂo^{13}	一片也不受	无一片土地。
yo^{21} ʑɯ^{33} ɖu^{21} tɕʻo^{13} pʻi^{33}	后也人六祖	在六祖神座边，

彝文注音	直译	意译
ȵɪ^{13} mu^{21} no^{33} ŋgu^{21} tsʻo^{13}	尼目乃权插	设叙谱神位，
vɛ^{21} ɬo^{13} no^{33} kʻo^{33} ta^{33}	祖祭乃碗拾	祭祖时抬灵，
gɯ^{21} ʐɪ^{33} no^{33} gu^{21} bi^{55}	仗打乃盾负	打仗时背盾，
tʂʻɯ^{55} ȵɪ^{33} vi^{21} bi^{55} su^{13} lo^{13} lɯ^{55}	行乃背负者成了	成了劳动者。

注释：

① 育氏：指居住德歹地方的育氏，偬氏九子之一。
② 哈靡录毕：彝语古城池名，在今云南省大理白族自治州喜洲一带。
③ 尼注大城：彝语古城池名，在今四川省宜宾市境内。
④ 武陀尼家：参见本书《武陀尼源》一篇。
⑤ 升麻举垓：地名，在今云南省的宣威市与沾溢县一带，即唐时的升麻二川。
⑥ 五陇邓：人名，亦部名，六祖第五支慕克克的子孙。
⑦ 恒雅侯：乌蒙部后代，人们常以恒雅侯来代称乌蒙部。

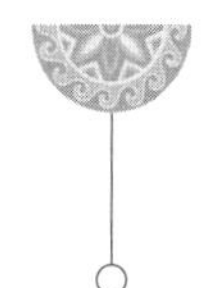

vu^{33} ʂa^{33} hɪ^{21}

武　啥　源①

ȵɪ^{13} no^{33} bu^{33} ɣa^{33} ho^{21}	幼乃僰雅洪	小支僰雅洪。
bu^{33} ɣa^{21} ho^{21} ȵɪ^{33} tʻɯ^{55}	僰雅洪乃一	一代僰雅洪，
tʻa^{21} a^{33} gɯ^{55} ȵɪ^{33} ȵɪ^{55}	唐雅勾乃二	二代唐雅勾，
gɯ^{55} mɛ^{33} tsʻɪ^{13} ȵɪ^{33} sɯ^{33}	勾默岑乃三	三代勾默岑，
mɛ^{33} tsʻɪ^{13} tʻo^{21} ȵɪ^{33} ɬi^{33}	默岑陀乃四	四代默岑陀，
tʻo^{21} mu^{33} mo^{21} ȵɪ^{33} ŋu^{33}	陀姆蒙乃五	五代陀姆蒙，
mo^{21} mo^{21} da^{13} ȵɪ^{33} tɕʻo^{13}	蒙蒙大乃六	六代蒙蒙大，
da^{13} tʻu^{55} lɛ^{21} ȵɪ^{33} ɕi^{55}	大托勒乃七	七代大托勒，
tʻu^{55} lɛ^{21} bu^{33} ȵɪ^{33} hɪ^{13}	托勒僰乃八	八代托勒焚，
bu^{33} ɕy^{33} xɛ^{21} ȵɪ^{33} tɕy^{33}	僰许赫乃九	九代僰许赫，

注音	直译	意译
xɛ^{21} li^{33} lu^{21} ɳɪ^{33} tsʻɯ^{21}	赫里洛乃十	十代赫里洛。
li^{21} lu^{21} a^{21} vu^{33} tʻɯ^{55}	里洛阿武一	一代里洛阿武，
a^{21} vu^{33} zɛ^{21} ɣa^{33} no^{33}	阿武世也呢	阿武这一代，
mu^{21} ʐɯ^{33} tsy^{13} a^{33} tso^{21}	穆之苴阿佐	穆女苴阿佐，
nɯ^{13} ʐɯ^{33} dʑɪ^{21} mi^{55} tɕʻi^{33}	诺之吉咪启	诺女吉咪启，
vu^{33} ʂɛ^{13} zu^{33} sɯ^{33} mo^{21}	武嫡子三母	生武氏三嫡子：
vu^{33} du^{55} ɣa^{33} vu^{33} mɛ^{21}	武度也武默	武度和武默，
a^{21} mbo^{33} lu^{33} ʐy^{21} sɯ^{33}	阿蚌洛数三	阿蚌洛第三。
mu^{21} ʐɯ^{33} tsy^{13} ndʐɿ^{55} tɛ^{13}	穆之苴珠黛	穆女苴珠黛，
nɯ^{13} ɣa^{33} sɿ^{55} ɣa^{33} li^{21}	诺之斯雅黎	诺女斯雅黎，
vu^{33} ndʐɿ^{55} zu^{33} sɯ^{33} mo^{21}	武庶子三母	生武家三庶子：
dʐɯ^{33} mi^{33} ɣa^{33} ko^{13} lɛ^{21}	宙靡雅葛勒	宙靡雅葛勒，

vu^{33} sɛ^{33} tʻɯ^{33} ʐɯ^{33} ɣo^{55}	武色吞也有	还有吞之属，
vu^{33} ku^{33} ɖu^{21} ʑy^{21} sɯ^{33}	武古笃数三	武古笃第三。
ɣɯ^{21} a^{33} lɯ^{55} ɕy^{33}	额 阿 娄 许	额阿娄许，
vu^{33} lɛ^{21} zu^{33} ɳɪ^{55} mo^{21}	武庶子二母	生武家两庶子：
dɯ^{21} pu^{33} ɣa^{33} ʈʻo^{21} ɳy^{21}	德本也陀尼	德本与陀尼。
vu^{33} ʐɯ^{33} zu^{33} tɕy^{33} no^{33}	武也九子呢	武家的九子，
tɕʻy^{55} ɳy^{21} gu^{21} ma^{21} de^{13}	结也束不的	不停地发展。
vu^{33} ndzu^{33} to^{33} mu^{55} ʂɛ^{13}	武君朵摩舍	武君朵摩舍，
vu^{33} mu^{55} ʑi^{13} ɣa^{33} ɖu^{21}	武臣依雅笃	武臣依雅笃，
vu^{33} pu^{13} dʑy^{33} ʂu^{55} du^{33}	武布苴输堵	布摩苴输堵。
tʻy^{21} sɯ^{33} hɛ^{33} lɯ^{21} zɛ^{33}	他三好的世	这三雄时期，
hu^{21} lu^{33} no^{21} lɯ^{55} ʐɯ^{21}	马牛撵的去	撵着牛和马，

mi^{33}ʈ‘u^{13}k‘u^{33}ga^{13}ɖɯ^{21}	米吐苦嘎去	去米吐苦嘎[2]，
ts‘u^{33}na^{33}gu^{21}ndɪ^{13}tʂu^{55}	地黑七坝越	穿越七平坝，
tsɯ^{21} dʑy^{33} ndzu^{33}	策 举 祖	到策举祖时，
hɪ^{13}du^{33} fu^{33} ɣa^{33}dzu^{21}	恒度府也居	恒度府面前[3]。
tʂɛ^{55} ly^{21} lu^{33}	根 求 了	把根本祈求，
hɪ^{21} ly^{21} lu^{33}mu^{33}dzu^{21}	本求了的住	把基业祈求。
ɣo^{13} bu^{33}ts‘ɯ^{21}ȵɪ^{55}tsɪ^{13}	华像十二座	十二尊神像，
lu^{21} tʂɛ^{13} xɯ^{21} ȵy^{21}	洛 折 侯 尼	降洛折侯尼[4]，
vu^{33}dzu^{21} ȵo^{21}ʑɯ^{33}ɖu^{55}	武住里也降	武家的境内。
lu^{21} tʂɛ^{13} xɯ^{21} ȵy^{21}	洛 折 侯 尼	洛折侯尼地，
vu^{33}ʑɯ^{33} zu^{33}tɕy^{33} gu^{21}	武之子九房	武家的九子：
vu^{33} du^{55} ɣa^{33} vu^{33}mɛ^{21}	武度也武默	武度和武默，

vu^{33} ku^{33} lu^{33} ʑy^{21} sɯ^{33}　武古洛数三　武古洛第三。

ʑɔ^{21} lɪ^{21} hɪ^{21} ndʐu^{55} zu^{33}　其来恒生子　说是恒氏子，

hɪ^{21} ndʐu^{55} zu^{33} ŋɯ^{33} dɪ^{13}　恒生子是者　属恒氏后裔，

hɪ^{21} tɕy^{33} tɪ^{21} ɖɯ^{21} lɯ^{33}　天九层去了　远去了天边，

ɕi^{55} mi^{33} tɕɔ^{55} ɣa^{33} dzu^{21}　七天间也住　分布在天边。

tʻɯ^{13} tɕʻo^{55} gɯ^{55} tʻu^{13} ŋo^{21}　闻名鹤白样　白鹤样闻名，

hɪ^{21} ɣa^{33} sɯ^{33} lɯ^{21} dzu^{21}　恒也像的在　有恒氏风格。

dʐɯ^{33} mi^{33} ɣa^{33} ku^{33} lɛ^{21}　宙靡雅葛勒　宙靡雅葛勒，

vu^{33} ndʑo^{55} ke^{13} ʑy^{21} tɕʻo^{13}　武纠耿数六　武纠耿第六，

ʑɔ^{21} lɪ^{21} tʻɯ^{21} ndʐu^{55} zu^{33}　生来特珠子　生来特珠子。

tʻɯ^{21} ndʐu^{55} zu^{33} ŋɯ^{33} dɪ^{13}　特生子是的　说是特氏子，

tʻɯ^{21} hɪ^{13} tɪ^{21} ɖɯ^{21} lɯ^{33}　地八层去了　到远方去了，

ɕi^{55}du^{33}tɕɔ^{55}ɣa^{33}dzu^{21}	七洞间也住	分布到远方。
dzọ^{21}mu^{21}zɪ^{13}lu^{33}ʑi^{55}	在样豹子花	豹子样生活，
t'ɯ^{21}ɣa^{33}sɯ^{55}lɯ^{33}dzu^{21}	特也似的住	有特氏风格。
vu^{33}ʐɯ^{33}lɛ^{21}zu^{33}ɬi^{33}	武之庶子孙	武家四庶子，
ʐɔ^{33}no^{33}vu^{33}ndzụ^{55}zu^{33}	其乃武生子	说是武所生，
vu^{33}ndzụ^{55}zu^{33}ŋɯ^{33}dɪ^{13}	武生子是者	是武氏后裔，
sɛ^{33}t'ɯ^{33}ɣa^{33}ku^{33}dụ^{21}	色吞也古笃	色吞和古笃，
hɪ^{21}t'ɯ^{21}tɕɔ^{55}ɣa^{33}dzu^{21}	天地间也住	在天地之间，
hɪ^{21}su^{13}lo^{33}du^{55}no^{13}	天人与话听	听命于上天，
t'ɯ^{21}su^{13}lo^{33}du^{55}dzo^{33}	地人与话生	为人们评价。

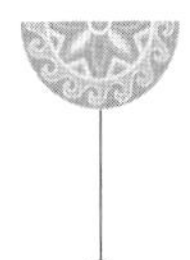

注释：

① 武啥：居住在鲁旺之外，远离彝人族群的人们。僰支系僰雅洪形成的一个支系。
② 米吐苦嘎：地名，在今云南省西部一带。
③ 恒度府：地王，与天君策举祖相对。
④ 洛折侯尼：湖泊名，在今云南省西部一带。

vu^{33} sɛ^{33} tʻɯ^{33} hɪ^{21}
武 色 吞 源①

vu^{33} sɛ^{33} tʻɯ^{33} ȵɪ^{33} tʻɯ^{55}	武色吞乃一	一代武色吞，
sɛ^{33} tʻɯ^{33} ʂu^{55} ȵɪ^{33} ȵɪ^{55}	色吞舒乃二	二代色吞舒②，
ʂu^{55} ɣa^{33} mo^{21} ȵɪ^{33} sɯ^{33}	舒阿莫乃三	三代舒阿莫，
mo^{21} ɣa^{33} ʈa^{13} ȵɪ^{33} ɬi^{33}	莫阿大乃四	四代莫阿大，
ʈa^{13} zu^{33} ʑy^{21} ȵɪ^{33} ŋu^{33}	大若余乃五	五代大若余，
zu^{33} ʑy^{21} ȵɪ^{55} ȵɪ^{33} tɕʻo^{13}	若余涅乃六	六代若余涅，
ȵɪ^{55} ɣa^{33} ku^{33} ȵɪ^{21} ɕi^{55}	涅阿古乃七	七代涅阿古，
ku^{33} ɣa^{33} hɪ^{21} ȵɪ^{33} hɪ^{13}	古阿恒乃八	八代古阿恒，
hɪ^{21} a^{33} lɯ^{21} ȵɪ^{33} tɕy^{33}	阿恒娄乃九	九代阿恒娄，
lɯ^{21} mi^{33} tɕʻi^{33} ȵɪ^{33} tsʻɯ^{21}	娄米启乃十	十代娄米启。

mi33 tɕʻi33 zɛ21 ɣa33 no33	米启世也呢	米启的时代，
ɕi55 mi33 hɪ21 ɳo33	七 天 上 里	在七层天上，
bu33 tɕʻo13 ɣɯ21 ɕy33 dzy21	像六闹座聚	六天神商议，
tʂʻɯ21 kʻɯ33 vu33 ʑɯ55 ʑɛ33	仇叩像力大	仇叩大力神像③，
dʑy33 tɕɔ55 lu33 mo21	举 骄 洛 姆	降举骄洛姆④，
vu33 sɛ33 tʻɯ33 ɳo21 ɖu55	武色吞境落	武色吞境内。
sɛ33 tʻɯ33 ʑɛ33 tʂu13 ʂo21	色吞大禄受	色吞享天禄，
sɛ33 tʻɯ33 ʑɛ33 dʑi21 lu21	色吞大命运	色吞享大运，
mi33 zɯ33 mi13 tʻu55	天 掌 地 设	主宰着天地。
vu33 sɛ33 tʻɯ33 ma21 ɖɯ21	武色吞不离	非色吞莫属，
tʻy21 tɛ13 tʻy21 dzu21 lɯ33	其立其住了	创下了基业。

注释：

① 武色吞：僰雅洪的后代，武啥的一个分支。武色吞是吸收汉文化最早的古彝人部族之一，其后裔融合于汉族等民族。
② 色吞舒：色吞部中比较强势的一带，在彝文古籍中几乎是武啥的代称。
③ 仇叩：是君长的代称，这里指天君。
④ 举骄洛姆：城池名，在今四川省境内。

vu^{33} ku^{33} ɖu^{21} hɪ^{21}

武古笃源①

vu^{33} ku^{33} ɖu^{21} ɳɪ^{33} tʻɯ^{55}	武古笃乃一	一代武古笃，
ku^{33} ɖu^{21} a^{21} ɣɯ^{21} ɳɪ^{55}	古笃阿额二	二代古笃阿额，
a^{21} ɣɯ^{21} a^{21} lu^{33} sɯ^{33}	阿额阿鲁三	三代阿额阿鲁，
a^{21} lu^{33} dʑu^{55} ɳɪ^{33} ɬi^{33}	阿鲁纠乃四	四代阿鲁纠，
dʑu^{55} pʻo^{21} lɯ^{21} ɳɪ^{33} ŋu^{33}	纠皤娄乃五	五代纠皤娄，
pʻo^{21} lɯ^{21} ndzu^{21} ɳɪ^{33} tɕʻo^{13}	皤娄偬乃六	六代皤娄偬：
ndzu^{21} ʔu^{33} bɛ^{55} ɳɪ^{33} ɕi^{55}	偬武拜乃七	七代偬武拜，
ʔu^{33} bɛ^{55} tʂu^{21} ɳɪ^{33} hɪ^{13}	武拜注乃八	八代武拜注，
tʂu^{21} ho^{21} ho^{21} ɳɪ^{33} tɕy^{33}	注洪洪乃九	九代注洪洪，
ho^{21} bi^{55} ʂɿ^{33} ɳɪ^{33} tsʻɯ^{21}	洪毕史乃十	十代洪毕史。

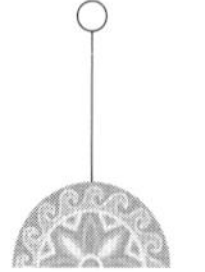

bi^{55} ʂʅ^{33} zɛ^{21} ɣa^{33} no^{33}	毕史世也呢	毕史这一代，
bi^{55} ʑy^{21} ʂɛ^{13} bu^{33} nɯ^{13}	毕余金像赤	毕余金神像②，
tʻɯ^{21} ʑɯ^{33} vu^{33} xɯ^{21} ɖu^{55}	地之武海降	降武族地盘，
tʻɯ^{21} dʐa^{33} tʻa^{55} lɯ^{21} lɯ^{21}	地在一咫尺	近在咫尺地，
vu^{33} ku^{33} ɖu^{21} lɿ^{21} to^{33}	武古笃来拥	为武古笃得，
vu^{33} ku^{33} ɖu^{21} dʑi^{21} lu^{21}	武古笃命运	武古笃有缘。
zy^{55} tsʻo^{13} ɣa^{21} bu^{33} tu^{13}	偶塑和像立	雕塑起偶像③，
vu^{33} ku^{33} ɖu^{21} ma^{21} ɖɯ^{21}	武古笃不离	非古笃莫属。
tʻy^{21} no^{33} tʻy^{21} lo^{13} lɯ^{55}	其乃此是了	就是这样的。

注释：

① 武古笃：䕻雅洪的后代，武啥的一个分支，系在武䕻氏中掌握手工技术的一支。
② 毕余金神像：天神名，代表天臣。在星界为工匠星，按“天上一颗星，地上一个人”的观念，毕余金神像是照应地上工匠的星座。
③ 雕塑起偶像：这里雕塑的神像应是佛教传入前的神像。

vu^{33} dɯ^{21} pu^{33} hɪ^{21}
武德补源①

彝文注音	直译	意译
vu^{33} dɯ^{21} pu^{33} ɳɪ^{33} tʻɯ^{55}	武德补乃一	一代武德补，
dɯ^{21} pu^{33} kʻu^{33} ɳɪ^{33} ɳɪ^{55}	德补苦乃二	二代德补苦，
kʻu^{33} bi^{55} ʂu^{33} ɳɪ^{33} sɯ^{33}	苦毕署乃三	三代苦毕署，
bi^{55} ʂu^{21} a^{33} vu^{55} ɬi^{33}	毕署阿乌四	四代毕署阿乌，
vu^{55} pʻa^{13} na^{55} ɳɪ^{33} ŋu^{33}	乌帕那乃五	五代乌帕那，
pʻa^{13} na^{55} dzɯ^{21} ɳɪ^{33} tɕʻo^{13}	帕那则乃六	六代帕那则，
dzɯ^{21} tʻu^{33} lɛ^{21} ɳɪ^{33} ɕi^{55}	则妥勒乃七	七代则妥勒，
tʻu^{33} lɛ^{21} ɣɯ^{21} dʐɯ^{33} hɪ^{13}	妥勒额旨八	八代妥勒额旨，
ɣɯ^{21} dʐɯ^{33} a^{21} lɯ^{21} tɕy^{33}	额旨阿娄九	九代额旨阿娄，
a^{21} lɯ^{21} tʂʻɛ^{13} ɳɪ^{33} tsʻɯ^{21}	阿娄柴乃十	十代阿娄柴。

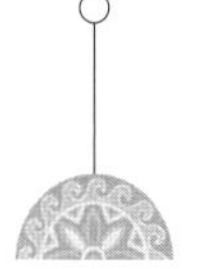

a^{21} lɯ^{21} tʂʻɛ^{13} zɛ^{21} no^{33}	阿娄柴世呢	阿娄柴时代，
tɕʻy^{13} tɕʻo^{13} la^{13} nu^{33} dzo^{33}	瞿确手巧生	瞿确巧手神，
fɛ^{13} tʂu^{13} lu^{21} mu^{33}	菲 注 城 大	降菲注大城②。
vu^{33} dɯ^{21} pu^{33} ȵo^{21} ɖu^{55}	武德补里落	武德补境内。
dɯ^{21} pu^{33} zy^{55} hɪ^{12} tsʻo^{13}	德补像庙建	德补建庙宇，
dɯ^{21} pu^{33} kʻa^{33} tʂu^{13} ʂo^{21}	德补勇酬受	吃着将帅饭，
gɯ^{21} zɪ^{13} no^{55} ndɯ^{21}	战 争 事 挡	打仗和办事，
vu^{33} dɯ^{21} pu^{33} ma^{21} ɖɯ^{21}	武德补不离	不离武德补。
tʻy^{21} no^{33} tʻy^{21} lo^{13} lɯ^{55}	其乃此是了	就是这样的。

注释：

① 武德补：僰雅洪的后代，武哈的一个分支，系在武僰氏中善于打仗的一支，长时期居住于云南的昆明周边一带。

② 菲注大城：云南晋宁晋城的古彝语名。

vu^{33} tʻo^{21} ȵy^{21} hɪ^{21}

武 陀 尼 源①

ȵɪ^{13} no^{33} vu^{33} tʻo^{21} ȵy^{21}	小乃武陀尼	小支武陀尼。
vu^{33} tʻo^{21} ȵy^{21} ȵɪ^{33} tʻɯ^{55}	武陀尼乃一	一代武陀尼，
tʻo^{21} ȵy^{21} ŋgu^{21} ȵɪ^{33} ȵɪ^{55}	陀尼谷乃二	二代陀尼谷，
ŋgu^{21} a^{21} lu^{33} ȵɪ^{33} sɯ^{33}	谷阿鲁乃三	三代谷阿鲁，
lu^{33} a^{21} lɯ^{21} ȵɪ^{33} ɬi^{33}	鲁阿娄乃四	四代鲁阿娄，
lɯ^{21} ɣo^{13} bu^{33} ȵɪ^{33} ŋu^{33}	娄卧棼乃五	五代娄卧楚，
ɣo^{13} bu^{33} a^{33} ŋgɯ^{21} tɕʻo^{13}	卧棼阿格六	六代卧棼阿格，
ıa^{21} mɛ^{13} na^{33} ȵɪ^{33} ɕi^{55}	阿默那乃七	七代阿默那，
mɛ^{33} na^{33} a^{33} ŋo^{21} hɪ^{13}	默那阿鄂八	八代默那阿鄂，
ŋo^{21} tsɪ^{13} ka^{13} ȵɪ^{33} tɕy^{33}	鄂则嘎乃九	九代鄂则嘎，

tsɪ^{13} ka^{13} ŋɛ^{21} ɲɪ^{33} ts'ɯ^{21}	则嘎艾乃十	十代则嘎艾，
ŋɛ^{21} a^{21} lu^{33} ɲɪ^{33} t'ɯ^{55}	艾阿卢乃一	十一代艾阿卢。
ŋɛ^{21} a^{21} lu^{33} zɛ^{21} no^{33}	艾阿卢世呢	艾阿卢时代，
k'u^{33} du^{33} bu^{33} ne^{33} nɯ^{55}	智通像心起	智神起善心，
t'u^{21} p'ɛ^{21} ʈ'u^{13} sɯ^{55} xo^{21}	松黄亮似洁	似洁净松柏，
vu^{33} ʈ'o^{21} ɲy^{21} ɲo^{21} ɖu^{55}	武陀尼里落	降武陀尼境。
ndzu^{33} no^{33} vu^{33} tsɪ^{13} ka^{13}	君乃武则嘎	君长武则嘎，
mu^{55} no^{33} ŋɛ^{21} a^{21} lu^{33}	臣乃艾阿卢	臣子艾阿卢，
pu^{13} no^{33} vu^{33} ndʐo^{55} ke^{13}	布乃武纠格	布摩武纠格，
zy^{55} ts'o^{13} du^{33} a^{33} dɛ^{21}	偶塑堵阿德	塑匠堵阿德，
t'y^{21} ɬi^{33} hɛ^{33} lɯ^{55} ze^{21}	他四贤的世	这四雄时期，
hu^{21} lu^{33} no^{21} ɬɯ^{55} ʐɯ^{21}	马牛撵的去	撵着牛马，

ʂa^{33} mi^{13} ɣo^{13} ndɪ^{55} ɣa^{33} lu^{33} xu^{33}　啥靡卧甸也牛杀　到啥靡卧甸②，

zy^{55} tsʻo^{13} lu^{33}　偶 塑 牛　塑像时杀牲，

bu^{33} tu^{13} lu^{33} mu^{33} xu^{33}　像竖牛作余　拜像时杀牲。

kʻu^{33} du^{33} kɛ^{55} ʐy^{21} tʂʻɯ^{55}　智通贵规发　把富贵规律，

tʂʻu^{21} bo^{21} fu^{13} pi^{21} tʻɯ^{55}　规有富施展　掌富贵机遇，

tʻo^{21} n̥y^{21} ɣɯ^{21} lɪ^{21} mi^{55}　陀尼荣来为　系陀尼所为，

tʻo^{21} n̥y^{21} mi^{13} ɣa^{33} dzu^{21}　陀尼地也住　陀尼得其所。

ɣɯ^{21} ʐɪ^{33} dʑi^{21} a^{33} tsɪ^{13}　图灵日也辨　识太阳规律，

tʻo^{21} n̥y^{21} mi^{13} ɣa^{21} kʻɯ^{33}　陀尼地也到　使其地受益，

ne^{21} ɣɯ^{21} tɕɪ^{13} a^{33} ka^{13}　心灵星也识　把天象掌握，

tʻo^{21} n̥y^{21} mi^{13} ɣa^{33} ʂo^{21}　陀尼地也象　顺其地气象。

ɣo^{21} ʐɪ^{33} tɛ^{13} a^{33} lɛ^{21}　内像云也越　如超脱云层，

t‘o^{21} ȵy^{21} mi^{33} gu^{21} gu^{21}　陀尼天圆圆　陀尼幅员广，

t‘o^{21} ȵy^{21} ndɛ^{21} no^{55} hɛ^{13}　陀尼拓沿站　陀尼站前沿。

bu^{33} ʑɯ^{33} zu^{33} ŋu^{33} ʑo^{21}　僰之子五个　五支武僰氏，

t‘y^{21} tɛ^{13} t‘y^{21} dzu^{21} lɯ^{33}　其立其住了　创下了基业。

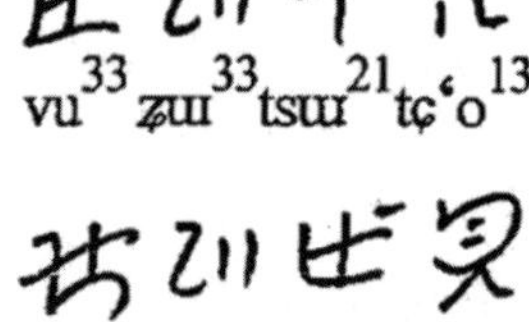

vu^{33} ʑɯ^{33} tsɯ^{21} tɕ‘o^{13} ke^{13}　武之十六国　武分十六国，

ɬo^{13} ʑɯ^{33} vu^{33} ɬi^{33} ke^{13}　西之武四国　西边有四国，

sɛ^{13} tʂ‘ʅ^{21} lu^{21} mo^{33}　赛 赤 城 大　塞赤大城③，

sɛ^{13} tʂ‘ʅ^{21} ke^{13} a^{33} ŋgɯ^{55}　赛赤国也顶　在塞赤国上方。

dʑy^{33} tɕɔ^{55} lu^{21} mu^{33}　举 骄 城 大　举骄大城④，

sɛ^{33} t‘ɯ^{33} ke^{13} ɣa^{33} dʐo^{13}　色吞国也中　在色吞国中部。

mo^{13} so^{21} lu^{21} mu^{33}　蒙 索 城 大　蒙索大城⑤，

mo^{13} so^{21} ke^{13} ɣa^{33} mɛ^{21}	蒙索国也边	在蒙索国边沿。
tʻɯ^{21} pʻa^{33} xɯ^{21} ȵy^{21}	投 帕 侯 尼	投帕侯尼[6]，
ku^{33} ɖu^{21} ke^{13} ɣa^{33} tʻi^{55}	古笃国以下	在古笃国下方，
tʻy^{21} ke^{13} vu^{33} ʐɯ^{33} ke^{13}	其国武也国	均为武国度。
mi^{33} kʻɛ^{33} vu^{33} ɬi^{33} ke^{13}	天北武四国	北方的四国，
fɛ^{13} tʂu^{13} lu^{21} mu^{33}	菲 注 城 大	菲注大城[7]，
dɯ^{21} pu^{33} ke^{13} ɣa^{33} ŋgɯ^{55}	德补国也顶	在德补国上方。
ŋɛ^{21} tʂu^{33} lu^{21} mu^{33}	额 注 城 大	额注大城[8]，
dɯ^{21} tɕɪ^{13} ke^{13} ɣa^{33} dʐo^{13}	德晋国也中	在德晋国中部[9]。
nɯ^{21} gu^{55} lu^{21} mu^{33}	能 沽 城 大	能沽大城[10]，
nɯ^{21} gu^{55} ke^{13} ɣa^{33} mɛ^{21}	能沽国也边	在能沽国边沿。
na^{33} lɯ^{21} lu^{21} mu^{33}	纳 楼 城 大	纳楼大城[11]，

注音	直译	意译
ʂɛ^{13} va^{13} ke^{13} ɣa^{33} tʻi^{55}	舍旺国以下	在舍旺国下方[12]，
tʻy^{21} ke^{13} vu^{33} ʑɯ^{33} ke^{13}	其国武之国	均为武国度。
fi^{55} ʑɯ^{33} vu^{33} ɬi^{33} ke^{13}	东之武四国	东边的四国，
tʂu^{33} du^{33} lu^{21} mu^{33}	翥 度 城 大	翥度大城[13]，
tʻo^{21} ȵy^{21} ke^{13} ɣa^{33} ŋgɯ^{55}	陀尼国也顶	在陀尼国上方，
ȵy^{21} tʂu^{13} lu^{21} mu^{33}	尼 竺 城 大	尼竺大城[14]，
tɕʻi^{33} bu^{55} ke^{13} ɣa^{33} dʐo^{13}	启埠国也中	在启埠国中部[15]，
nɯ^{21} tʂu^{13} lu^{21} mu^{33}	诺 竺 城 大	诺竺大城[16]，
bu^{33} go^{33} ke^{13} ɣa^{33} me^{21}	卜果国也末	在卜果国边沿，
ku^{21} tʂu^{13} lu^{21} mu^{33}	葛 竺 城 大	葛竺大城[17]，
ʂɛ^{13} va^{13} ke^{13} ɣa^{33} tʻi^{55}	舍旺国以下	在舍旺国下方，
tʻy^{21} ke^{13} vu^{33} ʑɯ^{33} ke^{13}	其国武之国	均为武国度。

mi^{33} ɣo^{13} vu^{33} ɬi^{33} ke^{13}　天南武四国　南边的四国，

lu^{21} dzɛ^{21} ke^{13} ɣa^{33} tɕɪ^{13}　洛则国也首　洛则国居上，

ku^{33} ɖu^{21} ke^{13} ɣa^{33} dʐo^{13}　古笃国也中　古笃国居中，

ndʐo^{55} ke^{13} ʑɯ^{33} ɣa^{33} mɛ^{21}　纠国之也末　纠国在下方，

tʻy^{21} ke^{13} vu^{33} ʑɯ^{33} ke^{13}　其国武之国　均为武国度。

vu^{33} ʑɯ^{33} tsʻɯ^{21} ŋu^{33} ke^{13}　武之十五国　武有十六国，

mi^{33} ʈʻu^{13} tsʻɯ^{21} ŋu^{33} bo^{21}　天白十五份　苍天十五份，

tsʻu^{33} na^{33} tsʻɯ^{21} ŋu^{33} tʂʻɛ^{21}　地黑十五幅　大地十五幅，

bu^{55} ʑi^{21} tsʻɯ^{21} ŋu^{33} tʻɯ^{33}　江河十五条　江河十五条，

tsʻɯ^{21} ɬi^{33} ʂa^{33} lɪ^{21} sɛ^{21}　十四啥来主　属十四家武啥，

tʻy^{21} tɛ^{13} tʻy^{21} dzu^{21} lɯ^{33}　其立其住了　都创下基业。

注释：

① 武陀尼：僰雅洪的后代，武啥的一个分支，吸收汉文化较早的古彝人部族之一，其后裔融合于汉族或其他兄弟民族。
② 啥靡卧甸：地名，参见《支格阿鲁源》注。
③ 塞赤大城：地名，今云南省保山市的彝语名。
④ 举骄大城：古城池名，又叫举骄洛姆，在今四川省境内。
⑤ 蒙索大城：古城池名，今云南省的保山市一带。
⑥ 投帕侯尼：湖泊名，投帕卧侯的别名，云南省大理洱海的彝语名。
⑦ 菲注大城：古城池名，在今云南省昆明市境内。
⑧ 额注大城：古城池名，在今云南省昆明市晋宁县境内。
⑨ 德晋国：武氏十六国之一，在今云南省昆明市晋宁县等地。
⑩ 能沽大城：古城池名，在今四川成都市一带。
⑪ 纳楼大城：古城池名，在今云南省红河哈尼族彝族自治州境内。
⑫ 舍旺国：武氏十六国之一，在今云南省红河哈尼族彝族自治州境内。
⑬⑭ 翥度大城、尼竺大城：古城池名，在今云南省西部一带。
⑮ 启埠国：武氏十六国之一，以娄金狗星命名之国，在今云南省西部一带。
⑯⑰ 诺竺大城、葛竺大城：古城池名，在今云南省西部一带。

pʻu^{21} n̥y^{21} pʻu^{21} nɯ^{21} hɪ^{21}

濮 夷 系 源①

ɬu^{33} ʔu^{33} tʻu^{13}	鲁 武 吐	鲁武吐，
to^{13} mɛ^{33} na^{33} tʻo^{21} ʐɯ^{33}	朵默那底合	朵默那结合②，
ɬu^{13} ndʐu^{55} zu^{33} ɬi^{55} lɯ^{33}	鲁珠若生了	生了鲁珠若。
ɬu^{13} ndʐu^{55} zu^{33} n̥ɪ^{33} tʻɯ^{55}	鲁珠若乃一	一代鲁珠若，
bu^{33} no^{21} du^{21} n̥ɪ^{33} n̥ɪ^{55}	僰诺堵乃二	二代僰诺堵，
no^{21} du^{21} dzɯ^{21} n̥ɪ^{33} sɯ^{33}	诺堵则乃三	三代诺堵则，
dzɯ^{21} a^{33} ʐu^{21} n̥ɪ^{33} ɬi^{33}	则阿育乃四	四代则阿商，
dzɯ^{21} ʂu^{33} zu^{33} tɕʻo^{13} ʐo^{55}	则受子六个	生六个儿子：
tʻy^{13} ŋgu^{21} ɣa^{33} vɛ^{21} dzɯ^{55}	体谷与文邹	体谷和文邹，
na^{21} tʻy^{21} ɣa^{33} na^{33} ndʑy^{13}	那体与那君	那体与那君，

ku^{33} bu^{33} ɣa^{33} lɛ^{21} vɛ^{13}	古僰与勒维	古僰与勒维，
tʻy^{21} tɕʻo^{13} tɕʻo^{13} sɯ^{33} ɣɯ^{21}	其六六叟厄	称六部叟厄③。
ʑu^{21} a^{33} ndzu^{21} ɲɪ^{33} ŋu^{33}	育阿僫乃五	五代育阿僫，
ndzu^{21} a^{33} kʻɛ^{55} ɲɪ^{33} tɕʻo^{13}	僫雅凯乃六	六代僫雅凯，
kʻɛ^{55} ʐɯ^{33} zu^{33} hɪ^{13} ʐo^{55}	凯也子八个	生八个儿子：
lu^{21} tʻu^{55} ɣa^{33} tʂɪ^{33} ʑu^{21}	鲁妥也振育	鲁妥和振育，
tʻu^{13} ʂɛ^{13} ɣa^{33} vɛ^{21} tʻe^{13}	吐舍也维特	吐舍与维特，
ku^{33} dzɯ^{55} ɣa^{33} lɛ^{21} tɕʻɯ^{55}	古邹也勒启	古邹与勒启，
pʻu^{21} su^{13} ɣa^{33} vu^{33} ndʐo^{13}	濮所与武纠	濮所与武纠，
tʻy^{21} hɪ^{13} hɪ^{13} vu^{33} ku^{33}	其八八武古	称八部武古④。
sɯ^{33} ɣɯ^{21} tʻa^{21} ʑi^{55} ndzɯ^{55}	叟厄一度凶	叟厄一度逞凶，
vu^{33} ku^{33} tʻa^{21} ʑi^{55} bu^{21}	武古一度狂	武古一度狂妄。

ʐɛ^{33} ʐɯ^{33} tsʻɯ^{21} dʑy^{33} ndzu^{33}	大之策举祖	天帝策举祖，
sɯ^{33} ɣɯ^{21} kʻɪ^{33}	叟 厄 灭	消灭叟厄，
vu^{33}ku^{33}kɯ^{21} ɣa^{33} dɪ^{13}	武古收也要	除去武古。
ȵy^{21} pʻu^{21} su^{13} tɯ^{55} dʐʅ^{21}	尼濮所只剩	只剩尼濮所[5]，
hɪ^{21} dʑi^{33} dʐo^{33} ma^{21} ʐy^{21}	天下在不敢	不敢住地上，
hɪ^{21} ȵo^{33} dʐɛ^{55} ɣa^{33} dɪ^{13}	天里升也要	要去天上住。
pʻu^{13} su^{13} xɯ^{21} zɛ^{33} tu^{13}	濮所铁柱立	濮所树铁柱，
mi^{33} ɣa^{33} kʻɯ^{33} lɯ^{55} tu^{13}	天也到的立	铁柱伸进天。
hɪ^{21} dʑi^{33} nɯ^{55} tʂʻɯ^{21}	天 下 人 间	在天底下，
lɯ^{33} lɯ^{55} lo^{33} ndʐʅ^{33} bi^{55}	统统与奠献	万物都祭奠，
bi^{21} ɣo^{55} ndʐʅ^{33} ma^{21} bi^{55}	蚂蚁奠不献	独不奠蚂蚁；
lɯ^{33} lɯ^{55} lo^{33} vu^{33} gɯ^{55}	统统与祭祀	万物都献祭，

bi^{21} ɣo^{55} vu^{33} ma^{21} gɯ^{55}	蚂蚁祭不祀	唯蚂蚁不献。
p'u^{13} su^{13} pu^{13} ɣa^{33} ɣɯ^{21}	濮所布雅额	濮所布雅额[6]，
xo^{55} ṭ'u^{13} lɯ^{55} lu^{33} bi^{55}	簸箕的与背	背上负簸箕，
xɯ^{21} ʂɛ^{13} mu^{21} ɣa^{33} da^{33}	铁长高也爬	把铁柱攀爬，
hɪ^{21} ɳo^{33} lɯ^{55} ɣa^{33} dɪ^{13}	天里去的要	正要上天去，
bi^{21} ɣo^{55} xɯ^{21} zɛ^{21} t'ɛ^{33}	蚂蚁铁柱啃	蚂蚁啃铁柱。
xɯ^{21} zɛ^{33} ŋɯ^{21} ŋɯ^{21} dɛ^{33}	铁柱摇摇倒	铁柱摇摇倒，
xo^{55} ṭ'u^{13} p'u^{13} su^{13} du^{55}	簸箕接濮所	簸箕接濮所，
xo^{55} ṭ'u^{13} hɪ^{33} lɪ^{21} ṭɯ^{33}	簸箕风来乘	簸箕乘风飘，
xo^{55} ṭ'u^{13} ḍɯ^{21} lɯ^{33} lɯ^{33}	簸箕飞飘飘	飘飘然下降，
p'ɛ^{21} mɛ^{33} xo^{55} ḍɯ^{21} lu^{21} ɣa^{33} ḍu^{55}	迫默豁直卢也落	落在迫默豁直卢[7]。
p'u^{21} su^{13} pu^{13} ɣa^{33} ɣɯ^{21}	濮人布雅额	濮人布雅额，

注音	直译	意译
ts‘ɯ21 ɬɛ13 ko13 ɣa33 lo55	十林内也里	在深山里面，
hu21 t‘u33 ɣa33 hu21 dzu33	百兴也百吃	以百业为生。
no13 ɣa33 bi21 tu13 n̥ɪ33	诺雅毕杜呢	有诺雅毕杜⑧，
t‘y21 n̥ɪ33 tɕ‘ɪ13 mu33 kɯ13	他呢巧的会	是能工巧匠。
p‘u21 su13 pu13 ɣa33 ɣɯ21	濮所布雅额	濮所布雅额，
no13 ɣa33 bi21 tu13 lo13	诺雅毕杜与	同诺雅毕杜商量，
na21 n̥ɪ33 tɕ‘ɪ13 mu33 kɯ13	你乃巧的会	说你是巧匠，
ʑo21 n̥ɪ33 hu21 t‘u33 kɯ13	已乃百兴会	我会百样活。
na21 a33 sɿ55 n̥ɪ55 ʑo21	你咱们两人	咱们两个人，
kɯ13 sɯ55 ʐɪ13 kɯ21 dɪ13	收择户会者	就连为一家！
to21 ʔu33 ɣa33 to13 lo21	朵吾也朵洛	朵吾和朵洛，
la33 fu33 ɣa33 la13 tɕi13	拉甫也拉纪	拉吾和拉纪，

xɯ^{21} ɣa^{33} ʈa^{13} mo^{21} lo^{13}　　侯雅大母了　　还生了侯大。

la^{33} fu^{33} gɯ^{55} dʑi^{21}　　拉 甫 勾 纪　　在拉甫勾纪[⑨]，

la^{33} fu^{33} zu^{33} tsʻɯ^{21} gu^{21}　　拉甫子十房　　拉甫有十子；

la^{33} tɕi^{13} fa^{13} nɯ^{21}　　拉 纪 法 能　　在拉纪法能[⑩]，

la^{13} tɕi^{13} zu^{33} tsʻɯ^{21} gu^{21}　　拉纪子十房　　拉纪有十子。

dɯ^{55} pʻu^{21} tsʻɯ^{21} ti^{33} xɯ^{55}　　兜濮十一姓　　兜濮十一姓，

ɬɛ^{13} pʻu^{21} hɪ^{13} hu^{21} hɪ^{13}　　赖濮八百房　　赖濮八百户。

la^{33} fu^{33} hɪ^{21} ŋgɯ^{55} lɯ^{55}　　拉甫恒耿去　　拉甫去恒耿，

la^{33} tɕi^{13} hɪ^{21} mɛ^{33} lɯ^{55}　　拉纪恒默去　　拉纪去恒默，

pʻu^{21} dzu^{21} tsʻɪ^{13} lo^{13} lɯ^{55}　　濮住代是的　　形成濮世系[⑪]。

ʂʅ^{33} ʐɪ^{13} ɬi^{33} a^{21} dɛ^{21}　　草割四阿德　　四阿德割草[⑫]，

vu^{33} ɣa^{13} ɬi^{33} la^{13} lɯ^{33}	行织四腊娄	四腊娄纺织⑬，
dɯ^{21} dʑy^{33} ɣo^{55} ʐɯ^{33} pʻu^{21}	德举乌之濮	德举乌属濮⑭；
lɛ^{21} pu^{13} ɖu^{33} ʂu^{13} pʻu^{21}	勒布蜂理濮	勒布放蜂濮⑮，
ku^{33} tsɯ^{13} ɣɯ^{21} ŋga^{13} pʻu^{21}	古陬熊撵濮	古陬猎熊濮，
ʂʅ^{33} a^{33} lɛ^{21} ʐɯ^{33} hy^{13}	施阿勒之赋	缴施阿勒税赋⑯，
sʅ^{55} a^{33} lɯ^{21} ʐɯ^{33} ŋgu^{21}	其也去之租	把租税负担。

la^{13} ʈʻu^{13} tʂʻʅ^{21} mu^{21} pʻu^{21}	拉吐稻作濮	拉吐稻作濮，
ndzu^{21} nɯ^{21} hɪ^{21} ɲo^{33} dzo^{33}	偬能房好盖	偬能盖房濮⑰，
tɕɪ^{13} ʔu^{33} dɛ^{21} ʐɯ^{33} ŋgu^{21}	纪吾德之租	给纪吾德上租⑱。
hɪ^{21} ʔu^{33} pʻu^{21} tɕy^{33} xɯ^{55}	恒挝濮九姓	恒挝九姓濮⑲，
dɯ^{55} su^{13} tʻy^{21} ŋɯ^{33} gɯ^{33}	说者其是的	是这样说的。

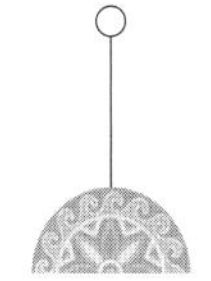

hɪ^{21} dʐo^{13} pʻu^{21} hɪ^{13} xɯ^{55}	恒卓濮八姓	恒卓濮八姓⑳，
ɬi^{33} lɯ^{55} ʑy^{21}	四 娄 余	四家娄余㉑，
ŋu^{33} mɛ^{33} dʑɛ^{55} ʑɯ^{33} hy^{13}	五默遮也赋	给五默遮上租㉒，
ʂʅ^{33} ʑɪ^{13} tʂʻʅ^{21} mu^{21} pʻu^{21}	草割稻作濮	割草作稻作濮。
bi^{21} ʑy^{21} hɪ^{21} dzo^{33} pu^{21}	毕余房盖濮	毕余盖房濮㉓，
pʻɛ^{21} mɛ^{33} ŋa^{33} ʑɯ^{33} ŋgu^{21}	迫默安之租	给迫默安上租㉔。
mo^{13} ly^{21} xɯ^{21} dɛ^{33} pʻu^{21}	莫律铁打濮	莫律打铁濮㉕，
a^{21} lɛ^{21} ndʐʅ^{21} tʻo^{21} pʻu^{21}	阿勒酒造濮	阿勒造酒濮㉖，
a^{21} vɛ^{13} zɯ^{33} ʑɯ^{33} ŋgu^{21}	阿外惹之租	给阿外惹上租。
no^{13} ɣa^{33} bi^{21} tu^{13}	诺 雅 毕 杜	诺雅毕杜氏，
pʻu^{21} bi^{21} tu^{13} lo^{13} lɯ^{55}	濮毕杜成了	形成濮毕杜㉗。
la^{13} ŋu^{33} ɳɪ^{55} mu^{21} pʻu^{21}	拉吾聂作濮	拉吾聂作濮，

彝文注音	直译	意译
la^{13} ȵo^{33} hɪ^{21} dzo^{33} p'u^{21}	拉略房盖濮	拉略盖房濮，
bi^{21} bɛ^{55} lɛ^{33} ʑɯ^{33} ŋgu^{21}	毕播勒之租	给毕播勒上租。

彝文注音	直译	意译
p'u^{13} su^{13} pu^{13} ɣa^{33} ɣɯ^{21}	濮所布雅额	濮所布雅额，
pu^{21} ʔu^{33} ʂɛ^{13} lo^{13} lɯ^{55}	濮吾舍是的	传的濮吾舍。
ɬɛ^{13} p'u^{21} ts'ɯ^{21} ȵɪ^{55} xɯ^{33}	赖濮十二姓	十二姓赖濮，
a^{21} ʈ'e^{13} tɕy^{33} mu^{21} tʂ'o^{21}	阿太九穆濯	阿太九穆濯[28]，
dɯ^{21} ʑy^{21} fe^{13} ʑɯ^{33} ŋgu^{21}	德余辉也租	给德余辉上租[29]。
t'u^{33} tɕ'i^{33} tɕy^{33} lu^{21} sɛ^{21}	妥启九寨主	妥启九寨主[30]，
a^{21} ʈ'e^{13} hɪ^{13} mu^{21} tʂ'o^{21}	阿太八穆濯	阿太八穆濯，
mu^{21} ɣa^{33} mu^{55} ʑɯ^{33} ŋgu^{21}	牟阿摩之租	给牟阿摩上租[31]。
tɕ'o^{13} ʂɛ^{13} ʈo^{55} lu^{33} da^{33}	确舍多鲁打	确舍迁去多鲁打[32]，

tɕʻo^{13} ndzʅ^{55} tʂɯ^{55} mɛ^{21} ʂu^{21}	确旨收尾理	确旨押着尾[33]，
ʂɛ^{13} bu^{33} go^{13} ɣa^{33} no^{33}	舍哺固也呢	舍哺固一支[34]，
ʂɛ^{13} tʂʻɯ^{55} lo^{33} ma^{21} mɛ^{13}	嫡迁与不拢	追不上嫡系，
ndzʅ^{55} lo^{33} ho^{21} ma^{33} de^{13}	庶与望不得	庶系无依托，
pʻu^{21} la^{13} dʑi^{33} lo^{13} lɯ^{55}	濮手境的去	迁到濮属地，
hɪ^{21} a^{33} xɯ^{21} lo^{33} pʻu^{21}	恒阿侯与濮	属恒阿侯的濮[35]。
zɛ^{55} mi^{33} tʻu^{33} to^{33}	热 米 妥 朵	在热米妥朵[36]，
ʂɛ^{13} ʑɯ^{33} zu^{33} ɬi^{33} gu^{21}	舍之子四房	舍氏有四子[37]，
bu^{33} dʑi^{21} ɬo^{13} ʑɯ^{33} lɯ^{55}	哺吉西也去	舍哺吉西迁，
ɬo^{13} ʑɯ^{33} gu^{21} ŋɯ^{55} ŋɯ^{33}	西也家样样	形成了邑落。
bu^{21} ʑɯ^{21} fi^{55} ʑɯ^{33} lɯ^{55}	哺往东也去	往东的舍氏，
fi^{55} ʑɯ^{33} tʂʻɛ^{21} tʂʻɛ^{21} pʻu^{21}	东之扯扯濮	叫作扯扯濮。

ʂɛ^{13} bu^{33} go^{13} ɣa^{33} no^{33}	舍哺固也呢	舍哺固一支，
dɯ^{13} ʑɯ^{33} tsʻɯ^{21} tɕʻo^{13} tsʻɪ^{13}	出也十六代	传十六代后，
ɣɯ^{21} dɛ^{21} tʂɯ^{21} ɣa^{33} kʻɯ^{33}	额德仇也到	到了额德仇，
tʻu^{33} a^{21} ndʐɛ^{21} ʑɯ^{33} ɣo^{55}	妥阿哲之家	成妥阿哲家，
ʂʅ^{33} ʐɪ^{13} pʻu^{21} lo^{13} lɯ^{55}	草割濮是的	成了割草濮。

to^{33} dʐu^{33} zu^{33} tɕy^{33} gu^{21}	杜珠子九房	杜珠有九子，
to^{33} dʐu^{33} sɯ^{21} zu^{33} ʑɛ^{33}	杜珠子三大	其中三长子，
sɯ^{33} mi^{33} ɣo^{13} ʑɯ^{33} lɯ^{55}	择天南也去	迁到南部去，
tɕi^{13} a^{21} tʻe^{13} lo^{33} hy^{13}	纪阿太与赋	给纪阿太缴赋[38]。
to^{33} dʐu^{33} sɯ^{21} zu^{33} tɕu^{55}	杜珠三子次	其三个次子，
sɯ^{33} mi^{33} kʻɛ^{21} ʑɯ^{33} lɯ^{55}	择天北也去	迁到北部去，

mi^{33} kʻɛ^{33} nɯ^{13} lo^{33} ŋgu^{33}	天北糯与租	给糯家上租[39]；
to^{33} dʐu^{33} sɯ^{21} zu^{33} ɲɪ^{13}	杜珠子三幼	杜珠三幼子，
sɯ^{33} tʂʻɛ^{21} tʂʻɛ^{21} ʑɯ^{33} lɯ^{55}	择直直的去	择捷径迁徙，
nu^{33} kʻɯ^{21} bo^{21}	诺　克　博	属诺克博家[40]，
hy^{13} mu^{21} pʻu^{21}	赋　作　濮	上赋税的濮，
ŋgu^{21} mu^{21} no^{55} lo^{13} lɯ^{55}	租作濮是的	缴租子的濮。

ndzɛ^{13} ʑɯ^{33} zu^{33} hɪ^{13} ʑo^{55}	则之子八个	则氏的八子，
hɪ^{21} ʑo^{55} hɪ^{13} vu^{33} ku^{33}	八个八武古	称八支武古，
na^{33} tʻy^{13} a^{33} na^{33} ndzy^{13}	那体与那珺	那体与那君，
hɪ^{13} vu^{33} ku^{33} ma^{55} ŋɯ^{21}	八武古不是	不属八武古，
hɪ^{21} ʑɯ^{33} ɲy^{21} ndʐu^{55} zu^{33}	源也尼生子	是源于尼氏。

dʑy^{33} tɕɔ^{55} lu^{21} mu^{33}　举 骄 城 大　在举骄大城，

vu^{33} sɛ^{33} tʻɯ^{33} ʑɯ^{33} ɣo^{55}　武色吞之家　属于武色吞，

zy^{55} tsʻo^{13} tɕʻi^{13}　偶 塑 脚　塑像的助手，

bu^{33} tu^{13} tɕʻi^{13} lo^{13} lɯ^{55}　像立脚是的　造像的助手。

vu^{33} ku^{33} tʻɯ^{55} ɣa^{21} no^{33}　武古啻也呢　武古啻一支，

dɯ^{13} ʑɯ^{33} tsʻɯ^{21} tsʻi^{13} lo^{13}　出也十代了　传十代之后，

ndy^{55} a^{33} lɛ^{55} lo^{55} kʻɯ^{33}　氏阿勒于至　到了氏阿勒。

ndy^{55} a^{33} lɛ^{55} zɛ^{21} no^{33}　氏阿勒也呢　氏阿勒之后，

lɛ^{55} n̥y^{21} ɣa^{33} lɛ^{55} nɯ^{21}　勒青也勒红　青勒和红勒，

hɪ^{21} ʑɯ^{33} tsʻo^{21} dzu^{33} lɛ^{55}　天也人吃勒　会吃人的勒；

dɯ^{33} n̥y^{21} a^{33} dɯ^{33} nɯ^{21}　陡青也陡红　青陡和红陡，

hɪ^{21} ʑɯ^{33} tsʻo^{21} dzu^{33} dɯ^{33}　天也人吃陡　又称吃人陡；

vi^{21} n̥y^{21} ɣa^{33} vi^{21} nɯ^{21}	羿青也羿红	青羿和红羿，
hɪ^{21} ʑɯ^{33} tsʻo^{21} dzu^{33} vi^{13}	天也人吃羿	又称吃人羿㊶。
ʂa^{33} ŋɯ^{33} zy^{55} ma^{21} tsʻo^{13}	啥是偶不塑	外族不塑像；
nɯ^{55} ŋɯ^{33} vɛ^{21} ma^{21} tʻu^{33}	彝是灵不供	彝人供祖灵。
ʔu^{33} ʑɯ^{33} dʑy^{33} bo^{21} mu^{21}	首也九山高	首据九高山，
dʐo^{13} ʑɯ^{33} tɕʻo^{13} ndɪ^{21} so^{21}	中也八坝好	中占八大坝，
mɛ^{21} ʑɯ^{33} sɯ^{33} dʐu^{55} ʂɛ^{13}	末也三谷长	末领三河谷。
pʻu^{55} tʻy^{21} ʑɯ^{33} ma^{21} hy^{21}	父他也不赋	不上天的税，
mo^{21} tʻy^{21} ʑɯ^{33} ma^{21} ŋgu^{33}	母他也不租	不缴地的租，
tʻy^{21} tɛ^{13} tʻy^{21} dzu^{21} lɯ^{33}	其立其住了	创立了基业。

注释：

① 濮夷：即武濮，古彝人中一个从事工匠的族群，源于武僰氏，为八部武古之一。在象征六祖崛起的“洪水泛滥”中，八部武古中的七部被灭，剩下武濮所一部，与“六祖”中的布支系后裔糯雅毕古部结合为一部。

② 鲁武吐、朵默那：最早从哎哺分支的神像族群武僰氏的始祖。

③ 六部叟厄：彝族先祖笃慕的亲族，有笃叟厄之称。

④ 八部武古：彝族先祖笃慕的亲族，有笃武古之称。

⑤ 尼濮所：人名亦部落名，即武濮所，八部武古之一。

⑥ 布雅额：武濮所之子。

⑦ 迫默豁直卢：城邑名，在今云南省大理白族自治州境内。

⑧ 诺雅毕杜：部族名，彝族六祖布支系的一个分支，梯妥诺长子诺濮迁的后裔，为工匠群体的一部分。

⑨ 拉甫勾纪：地名，在今贵州省赫章县雉街乡的中寨村尚存有与此相同的地名。

⑩ 拉纪法能：以崖为标志的地名，在今贵州省境内。

⑪ 濮世系：工匠的族群的世系。

⑫⑬ 阿德、腊娄：武濮族群中的支系名。

⑭ 德举乌：彝族默支系的一个分支，在今云南省曲靖市境内。

⑮ 勒布：武濮族群中的支系名。

⑯ 施阿勒：彝族默支系的一个分支，分布在今云南省曲靖市境内。

⑰ 偬能：武濮族群中的一个支系。

⑱ 纪吾德：彝族默支系的一个小分支。

⑲ 恒挝：地名，在今云南省昆明市境内。

⑳ 恒卓：地名，古滇国的活动中心一带。

㉑ 娄余：武濮族群中的一个支系。

㉒ 五家默遮：德布支系诺克博的一个分支，又分为五个亚分支，分布在今云南省南部、东南部等一带。

㉓ 毕余：武濮族群中的一个支系。

㉔ 迫默安：默德施的一个分支，又称安蒙余部，分布在今贵州省的安龙县等一带。

㉕㉖ 莫律、阿勒：武濮族群中的一个支系。

㉗ 濮毕杜：武濮族群中的一个大支系。

㉘ 阿太九穆濯：阿太，武濮族群中进入当地统治核心的家支。慕濯，或作穆濯，阿哲、芒布等部内置的官职名，为君长分封的分部首领，如阿哲部有四十七穆濯。

㉙ 德余辉：彝族六祖分支第四支系恒阿侯下传的九支德余之一，后代曾是永宁宣抚使。

㉚ 妥启：武濮族群中的一个支系。

㉛ 牟阿摩：小部落名，由人名演化而来。

㉜ 确舍：彝族六祖各支的长子团体组成的群体。多鲁打，地名，在今云南省大理白族自治州境内。

㉝ 确旨：彝族六祖各支的长子团体。

㉞ 舍哺固：默德施的后裔德乌舍所生，后融入武濮族群。

㉟ 恒阿侯：彝族六祖分支的第四支系。

㊱ 热米妥朵：地名，在今云南省的东川市与会泽县之间。

㊲ 舍氏有四子：乌舍所生的舍阿宏、舍补任、舍哺固、舍哺吉四子。

㊳ 纪阿太：六祖布支系后代，分布在今云南省昆明市与楚雄彝族自治州之间。

㊴ 糯家：彝族六祖分支的第四支系。

㊵ 诺克博：人名，彝族六祖第五支系慕克克的十世孙。

㊶ 羿：部族名。

a^{21} vu^{33} t‘u^{13} hɪ^{21}

阿武吐根源①

ȵy^{21} p‘u^{21} su^{13}	尼　濮　苏	源于尼濮苏，
nɯ^{21} vu^{33} ndʑy^{13} ɣa^{21} no^{33}	能武觉也呢	能武觉两支②，
a^{21} vu^{33} p‘u^{21} su^{13} zu^{33}	阿武濮苏子	阿武是濮苏后裔，
p‘u^{55} ȵɪ^{33} ndzu^{21} ŋɯ^{55} ŋɯ^{33}	父也髻冲冲	男人绾高髻，
mo^{21} ȵɪ^{33} ndzu^{21} ŋɯ^{55} ŋɯ^{33}	母也髻冲冲	女人绾高髻。
zi^{21} ȵy^{33} p‘u^{21} su^{13} dʐɯ^{33}	犀牛濮苏畜	犀牛是濮苏牲畜，
p‘u^{55} ȵɪ^{33} tɕ‘y^{13} le^{33} le^{33}	父也角卷卷	大牛角弯曲，
zu^{33} ȵɪ^{33} tɕ‘y^{13} le^{33} le^{33}	子乃角卷卷	小牛角弯曲。
vi^{21} nɯ^{21} p‘u^{21} su^{13} tɕ‘i^{33}	豺红濮苏狗	豺是濮苏狗③，
p‘u^{55} ȵɪ^{33} nɯ^{21} mɛ^{33} na^{33}	父也尾赤黑	大狗尾赤黑，

zu^{33} ɳɹ^{33} nɯ^{21} mɛ^{33} na^{33}	子也赤尾黑	小狗尾赤黑。
ʈa^{13} na^{55} pʻu^{21} su^{13} ɣa^{33}	雕大濮苏鸡	雕是濮苏鸡，
pʻu^{55} ɳɹ^{33} na^{33} du^{33} ʂɛ^{13}	父也眼睛黄	大鸡眼睛黄，
zu^{33} ɳɹ^{33} na^{33} du^{33} ʂɛ^{13}	子乃眼睛黄	小鸡眼睛黄。
ɳy^{21} pʻu^{21} su^{13} ɳɹ^{33} tʻɯ^{55}	尼濮苏乃一	一代尼濮苏，
pʻu^{21} su^{13} lɯ^{21} ɳɹ^{33} ɳɹ^{55}	濮苏娄乃二	二代濮苏娄，
lɯ^{21} tɕɹ^{13} ʑɯ^{55} ɳɹ^{33} sɯ^{33}	娄纪犹乃三	三代娄纪犹，
tɕɹ^{13} ʑɯ^{55} a^{21} ʑu^{21} ɬi^{33}	纪犹阿育四	四代纪犹阿育，
ʑu^{21} dʐʅ^{21} zu^{33} ɳɹ^{33} ŋu^{33}	育直若乃五	五代育直若，
dʐʅ^{21} zu^{33} a^{21} ku^{33} tɕʻo^{13}	直若阿谷六	六代直若阿，
a^{21} ku^{33} tʂʻʅ^{21} ɳɹ^{33} ɕi^{55}	阿谷赤乃七	七代阿谷赤，
tʂʻʅ^{21} ɣɯ^{21} ly^{21} ɳɹ^{33} hɹ^{13}	赤额律乃八	八代赤额律，

彝文注音	直译	意译
ly^{21} a^{33} ɬɛ^{13} ṇɪ^{33} tɕy^{33}	律阿赖乃九	九代律阿赖，
ɬɛ^{13} a^{21} vu^{33} ṇɪ^{33} tsʻɯ^{21}	赖阿武乃十	十代赖阿武。
a^{21} vu^{33} zɛ^{21} ɣa^{33} no^{33}	阿武世也呢	赖阿武时期，
vu^{33} sɛ^{33} tʻɯ^{33} ʑɯ^{33} ɣo^{55}	武色吞之家	武色吞他家，
zy^{55} lo^{33} tsʻɛ^{13}	偶　石　取	要取雕像石，
bu^{33} lo^{33} mi^{13}	像　石　凿	要凿雕像石，
mu^{21} ma^{21} no^{33} ʑɯ^{33} no^{33}	作不肯也呢	阿武不听从，
vu^{33} sɛ^{33} tʻɯ^{33} ʑɯ^{33} ŋga^{13}	武色吞也追	被武色吞逼，
a^{21} vu^{33} mi^{33} ɣo^{13} tʂʻɯ^{55}	阿武天南迁	阿武往南迁，
kʻɯ^{33} lɯ^{55} sɯ^{33} dʐo^{21} lu^{33}	到的行在了	择地住下来。
a^{21} vu^{33} zu^{33} kʻu^{33} nu^{33}	阿武子计多	阿武人聪明，
dʑi^{21} tʂʻɯ^{55} ndɪ^{33} tʂo^{13} dɪ^{13}	境迁鞋倒穿	鞋子倒着穿，

a^{21} vu^{33} hɪ^{21} ʔu^{33} lɯ^{55} 阿武天头去 阿武去南边，

sɛ^{33} tʻɯ^{33} hɪ^{21} mɛ^{33} ŋga^{13} 色吞天尾追 色吞往北追。

hɪ^{21} ɣa^{33} ʑi^{21} tɕy^{33} go^{13} 天也水九曲 九曲河流边，

ʑi^{21} bi^{33} sɯ^{33} dʐʅ^{33} lu^{21} 益毕叟直录 益毕叟直录④，

tʻy^{21} tɛ^{13} gu^{21} ʑɯ^{33} du^{33} 其立了以后 定居了下来。

ndzu^{21} ʑɯ^{33} zu^{33} tɕy^{33} gu^{21} 傯之子九房 傯氏有九子，

kɯ^{12} ʑɯ^{33} zu^{33} ŋu^{33} gu^{21} 够之子五房 够氏有五子，

hu^{21} zu^{33} hu^{21} ȵy^{33} zɯ^{33} 洪子洪尼柔 洪子洪尼柔，

dɛ^{21} zu^{33} dɛ^{21} a^{21} vu^{33} 德子德阿武 德子德阿武，

lɛ^{21} zu^{33} lɛ^{21} a^{21} tɕi^{13} 赖子赖阿济 赖子赖阿济，

ku^{33} zu^{33} ku^{33} a^{21} gu^{21} 古子古阿固 古子古阿固。

fi^{55} ʑɯ^{33} dʑy^{33} ŋɯ^{55} ŋɯ^{33}	东也林片片	东边林成片，
a^{21} vu^{33} dʑy^{33} ŋɯ^{55} ŋɯ^{33}	阿武林片片	阿武人如林，
dʑy^{33} tɕu^{55} dʑy^{33} mo^{21} tsʻɪ^{13}	林禾林果摘	用所采果实，
bi^{21} bɛ^{55} lɛ^{21} ʑɯ^{33} hy^{13}	毕播勒也赋	给播勒缴赋⑤，
bi^{21} bɛ^{55} lɛ^{33} ʑɯ^{33} ŋgu^{21}	毕播勒也租	给播勒上租，
tʻy^{21} no^{33} tʻy^{21} lo^{13} lɯ^{55}	其乃此是的	就是这样的。

注释：

① 阿武吐：支系名，在云南省，为彝族的一个支系；在贵州省境内，识别为白族。

② 能武觉：部族名，阿武吐的一个分支。

③ 濮苏：源于尼能氏族的一个族群。

④ 益毕叟直录：地名，在今云南省曲靖市境内。

⑤ 播勒：彝族六祖分支德布系的分出的支系，后分为三支，在今贵州安顺者为大宗。

lu^{21} dʑi^{33} hɪ^{21}

罗 纪 根 源①

tɛ^{13} ts'o^{13} p'u^{21} ɣa^{33} ɣo^{13}	点苍地之内	在点苍地方②，
ndʐo^{21} ɣa^{33} lu^{21} dʑi^{33} ɣo^{55}	卓阿罗纪家	住卓罗纪家。
lu^{21} dʑi^{33} ŋu^{33} ɣo^{21} hɪ^{21}	罗纪五有源	罗纪有五源：
lu^{21} dʑi^{33} hɪ^{21} ɣa^{33} hɪ^{21}	罗纪恒也源	起源于恒氏③，
hɪ^{21} k'u^{33} mu^{33} ɣa^{33} hɪ^{21}	恒苦慕也源	来源恒苦慕④；
lu^{21} dʑi^{33} t'ɯ^{21} ɣa^{33} hɪ^{21}	罗纪特也源	起源于特氏⑤，
t'ɯ^{21} hu^{21} ʑɛ^{33} ɣa^{33} hɪ^{21}	特洪晔也源	来源特洪晔；
lu^{21} dʑi^{33} ʂʅ^{21} ɣa^{33} hɪ^{21}	罗纪什也源	起源于什氏，
ʂʅ^{21} mɛ^{33} ts'ɛ^{13} ɣa^{33} hɪ^{21}	什默采也源	源于什默采⑥；
lu^{21} dʑi^{33} n̥y^{21} ɣa^{33} hɪ^{21}	罗纪尼也源	起源于尼氏⑦，

ȵy^{21} tʂʻa^{33} ʂɛ^{13} ɣa^{33} hɪ^{21}　尼岔舍也源　源于尼岔舍；

lu^{21} dʑi^{33} nɯ^{21} ɣa^{33} hɪ^{21}　罗纪能也源　起源于能氏[8]，

nɯ^{21} bo^{33} fi^{13} ɣa^{33} hɪ^{21}　能僰斐也源　源于能僰斐。

sɛ^{33} tʻɯ^{33} lu^{21} dʑi^{33} hɪ^{21}　色吞罗纪源　源于武色吞[9]，

ʈa^{13} ɣa^{33} lu^{21} dʑi^{33} hɪ^{21}　大雅罗纪源　源于大雅氏[10]，

dɯ^{21} ʂʅ^{21} lu^{21} dʑi^{33} hɪ^{21}　德施罗纪源　源于德施氏[11]。

tʻy^{21} no^{33} tʻy^{21} lo^{13} lɯ^{55}　其乃此是的　就是这样的。

ʂʅ^{21} mɛ^{33} tsʻɛ^{13} ȵɪ^{33} tʻɯ^{55}　什默采乃一　一代什默采，

mɛ^{33} tsʻɛ^{13} pʻu^{55} ȵɪ^{33} ȵɪ^{55}　默采铺乃二　二代默采铺，

pʻu^{33} a^{33} lɛ^{21} ȵɪ^{33} sɯ^{33}　铺阿勒乃三　三代铺阿勒，

lɛ^{21} a^{21} vu^{33} ȵɪ^{33} ɬi^{33}　勒阿武乃四　四代勒阿武，

a^{21} vu^{33} tsʻo^{21} ŋɛ^{33} ŋu^{33}	阿武撮艾五	五代阿武撮艾，
tsʻo^{21} ŋɛ^{33} no^{21} ʂɛ^{13} tɕʻo^{13}	撮艾诺舍六	六代撮艾诺舍，
no^{21} ʂɛ^{13} pu^{13} ɳɪ^{21} ɕi^{55}	诺舍布乃七	七代诺舍布，
pu^{13} tɕʻi^{33} du^{55} ɳɪ^{33} hɪ^{13}	布启度乃八	八代布启度，
tɕʻi^{33} du^{55} vu^{33} ɳɪ^{33} tɕy^{33}	启度武乃九	九代启度武，
vu^{33} bi^{21} ʑy^{21} ɳɪ^{33} tsʻɯ^{21}	武毕余乃十	十代武毕余。
bi^{21} ʑy^{21} tɕi^{13} ʑɯ^{55} tʻɯ^{55}	毕余纪优一	十一代毕余纪优。
tsʻɯ^{21} ti^{33} tsʻɪ^{13} ʑɯ^{33} ɣɯ^{55}	十一代以内	以上十一代，
ʂʅ^{21} ɣa^{33} ʂo^{21} lɪ^{21} sʅ^{33}	什也勺来辅	是什勺辅佐。
hɪ^{21} ɣo^{13} kʻu^{33} ɳɪ^{33} tʻɯ^{55}	恒卧苦乃一	一代恒卧苦，
kʻu^{33} ɣa^{33} ho^{21} ɳɪ^{33} ɳɪ^{55}	苦阿洪乃二	二代苦阿洪，

ho^{21} ɖu^{21} ndʐu^{55} ɳɪ^{33} sɯ^{33}　洪笃珠乃三　三代洪笃珠，

ɖu^{21} ndʐu^{55} k‘u^{33} ɳɪ^{33} ɬi^{13}　笃珠苦乃四　四代笃珠苦，

k‘u^{33} ndu^{21} ʑɪ^{33} ɳɪ^{33} ŋu^{33}　苦独烨乃五　五代苦独烨，

ndu^{21} ʑɪ^{33} ɣɯ^{21} bi^{21} tɕ‘o^{13}　独烨额毕六　六代独烨额毕，

ɣɯ^{21} bi^{21} a^{21} tɕɪ^{13} ɕi^{55}　额毕阿纪七　七代额毕阿纪，

a^{21} tɕɪ^{13} a^{21} bu^{33} hɪ^{13}　阿纪阿僰八　八代阿纪阿僰，

bu^{33} na^{33} tɛ^{13} ɳɪ^{33} tɕy^{33}　僰那待乃九　九代僰那待，

na^{33} tɛ^{13} mi^{33} ɣo^{21} ts‘ɯ^{21}　那待米俄十　十代那待米俄。

mi^{33} ɣo^{21} sɯ^{21} t‘u^{33} t‘ɯ^{55}　米俄叟妥一　十一代米俄叟妥。

ts‘ɯ^{21} ti^{33} ts‘ɪ^{13} ʑɯ^{33} ɣɯ^{55}　十一代以内　以上十一代，

vu^{33} sɛ^{33} t‘ɯ^{33} lɪ^{21} sɿ^{21}　武色吞来辅　由武色吞辅佐。

vu^{33} sɛ^{33} t‘ɯ^{33} ɣa^{33} fu^{13}　武色吞也婚　同武色吞通婚。

sɯ^{21} tʻu^{33} bu^{33} ɲɪ^{33} tʻɯ^{55}	叟妥僰乃一	一代叟妥僰，
tʻu^{55} a^{21} ɣɯ^{21} ɲɪ^{33} ɲɪ^{55}	妥阿额乃二	二代妥阿额，
ɣɯ^{21} a^{33} ndzu^{21} ɲɪ^{33} sɯ^{33}	额阿偬乃三	三代额阿偬，
ndzu^{21} hɯ^{21} hɯ^{21} ɲɪ^{33} ɬi^{33}	偬衡衡乃四	四代偬衡衡，
hɯ^{21} no^{13} du^{21} ɲɪ^{33} ŋu^{33}	衡诺度乃五	五代衡诺度，
no^{13} du^{21} a^{21} tɕɪ^{13} tɕʻo^{13}	诺度阿纪六	六代诺度阿纪，
a^{21} tɕɪ^{13} tɕʻɯ^{21} ɲɪ^{33} ɕi^{55}	阿纪虬乃七	七代阿纪虬，
tɕʻɯ^{21} no^{13} tɕʻi^{33} ɲɪ^{33} hɪ^{13}	虬诺启乃八	八代虬诺启，
tɕʻi^{33} a^{21} su^{55} ɲɪ^{33} tɕy^{33}	启阿苏乃九	九代启阿苏，
a^{21} su^{55} lu^{21} mo^{21} tsʻɯ^{21}	阿苏鲁莫十	十代阿苏鲁莫。
tsʻɯ^{21} ti^{33} tsʻɪ^{13} ʑɯ^{33} ɣɯ^{55}	十一代以内	十一代以内，
vu^{33} dɯ^{21} pu^{33} lɪ^{21} sɿ^{21}	武德补来辅	由武德补辅佐，

vu^{33} dɯ^{21} pu^{33} lɪ^{21} fu^{13}　　武德补来婚　　同武德补通婚。

lu^{33} mo^{21} mi^{55} ɳɹ^{33} tʻɯ^{55}　　鲁莫咪乃一　　一代鲁莫咪，

mi^{55} ʂu^{33} a^{33} ʂo^{21} ɳɹ^{55}　　咪署阿硕二　　二代咪署阿硕，

a^{21} ʂo^{21} mu^{33} dʑi^{21} sɯ^{33}　　阿硕姆吉三　　三代阿硕姆吉，

mu^{33} dʑi^{21} a^{33} la^{21} pu^{33} ɬi^{33}　　姆吉阿布四　　四代姆吉阿布，

a^{21} pu^{33} a^{21} mɛ^{13} ŋu^{33}　　阿布阿默五　　五代阿布阿默，

a^{21} mɛ^{13} a^{33} ɖu^{21} tɕʻo^{13}　　阿默阿笃六　　六代阿默阿笃，

a^{33} ɖu^{21} ku^{33} ku^{33} ɕi^{55}　　阿笃古古七　　七代阿笃古古，

ku^{33} ku^{33} a^{33} su^{55} hɪ^{13}　　古古阿苏八　　八代古古阿苏，

a^{33} su^{55} bi^{21} ʑy^{21} tɕy^{33}　　阿苏毕余九　　九代阿苏毕余，

bi^{21} ʑy^{21} a^{33} ɣɯ^{21} tsʻɯ^{21}　　毕余阿额十　　十代毕余阿额。

tsʿɯ^{21} ti^{33} tsɪ^{13} ʑɯ^{33} ɣɯ^{55}	十一代以内	十一代以内，
vu^{33} ʈʿo^{21} ȵy^{21} lɪ^{21} sɿ^{21}	武陀尼来辅	由武陀尼辅佐，
vu^{33} ʈʿo^{21} ȵy^{21} lɪ^{21} fu^{13}	武陀尼来婚	同武陀尼通婚。

ɣɯ^{21} ɣɯ^{21} mi^{55} ȵɪ^{33} tʿɯ^{55}	额额咪乃一	一代额额咪，
mi^{55} tɕʿi^{33} ʑy^{21} ȵɪ^{33} ȵɪ^{55}	咪启余乃二	二代咪启余，
ʑy^{21} a^{33} xɯ^{21} ȵɪ^{33} sɯ^{33}	余阿侯乃三	三代余阿侯，
xɯ^{21} a^{33} dɯ^{21} ȵɪ^{33} ɬi^{33}	侯阿德乃四	四代侯阿德，
dɯ^{21} a^{21} mu^{21} ȵɪ^{33} ŋu^{33}	德阿姆乃五	五代德阿姆，
mu^{21} a^{21} lɯ^{21} ȵɪ^{33} tɕʿo^{13}	姆阿娄乃六	六代姆阿娄，
lɯ^{21} a^{21} vu^{33} ȵɪ^{33} ɕi^{55}	娄阿武乃七	七代娄阿武，
a^{21} vu^{33} dʐɛ^{21} hɛ^{33} hɪ^{13}	阿武者赫八	八代阿武者赫，

dʐɛ21 hɛ33 a21 mi55 tɕy33　　者赫阿咪九　　九代者赫阿咪，

a21 mi55 tʻu33 ɣo21 tsɯ21　　阿咪妥俄十　　十代阿咪妥俄。

tsʻɯ21 ti33 tsʻɿ13 ʑɯ33 ɣɯ55　　十一代以内　　十一代以内，

mu21 tɕʻo21 ʂɛ13 lɪ21 sɿ33　　蒙确舍来辅　　由蒙确舍辅佐[12]，

mu21 tɕʻo21 ʂɛ13 lɪ21 fu13　　蒙确舍与婚　　同蒙确舍通婚。

tʻu33 ɣo21 kɛ33 ɳɪ21 tʻɯ55　　妥俄该乃一　　一代妥俄该，

ɣo21 kɛ21 dʑi21 ɳɪ33 ɳɪ55　　俄该吉乃二　　二代俄该吉，

dʑi21 do33 tu13 ɳɪ33 sɯ33　　吉朵独乃三　　三代吉朵独，

tu13 mu33 lu21 ɳɪ33 ɬi33　　独牟罗乃四　　四代独牟罗，

mu33 lu21 ndu21 ɳɪ33 ŋu33　　牟罗独乃五　　五代牟罗独，

ndu21 sɿ33 nu33 ɳɪ33 tɕʻo13　　独细奴乃六　　六代独细奴。

彝文注音	直译	意译
sɿ33 nu33 zɛ21 ɣa33 no33	细奴世也呢	独细奴时期，
ʂa33 mi13 ŋgɯ21 tʻa33	啥 靡 垢 唐	在啥靡垢唐地，
mu21 tʻɕo21 ʂɛ13 ɣa33 fu13	蒙确舍也姻	与蒙确舍联姻。
mu33 a33 ŋgɯ21 ʐu21	蒙 阿 格 娱	蒙阿格娱⑬，
hɪ21 ʂu21 lu33 dzɯ21 gɯ55	恒硕鲁则勾	在恒硕鲁则勾⑭，
fɛ21 kʻɛ21 tsʻɿ33 n̥ɪ33 lu33	丝线浣的了	把丝线来洗。
hɪ21 ndzu33 tʻɯ21 fu33 ndzɯ21	天君地王议	天君地王商议：
ʂɿ21 ʂo21 la13 nɯ21 dɪ13	什勺手巧戴	什勺有手段，
pʻu21 tʻu55 sɛ21	疆 开 主	坐江山，
no13 fe13 sɛ21	域 司 主	主一域，
mu21 ma21 de13 vi21 dɪ13	行不得也者	却不属于他。
bi21 ly33 mi13 tʻo21 ndzɿ33	葫芦地下油	葫芦盛松油，

tɕɪ^{13} ʐɯ^{55} na^{33} ɣa^{33} ne^{13}　　纪优眼也封　　封住纪优眼[15]，

tʻɯ^{21} ʐɯ^{33} vu^{33} xɯ^{21} ɖu^{55}　　地之近的落　　就近降下去，

hɪ^{21} ʂu^{21} lu^{33} dzɯ^{21} gɯ^{55}　　恒硕鲁则勾　　落在恒硕鲁则勾，

a^{33} ha^{33} xɯ^{21} vu^{55}　　阿 哈 侯 乌　　阿哈侯乌，

kʻɯ^{21} tsʻɿ^{33} nɯ^{33} ɣa^{21} ɖu^{55}　　洗线口也落　　洗线的地方，

a^{33} ha^{33} xɯ^{21} vu^{55} lo^{13}　　阿哈侯乌与　　求阿哈侯乌[16]：

ɣo^{21} ʐɯ^{33} su^{13} a^{21} mɛ^{13}　　在也者姑娘　　“面前的姑娘，

dʐy^{33} ndzu^{33} tsʻɿ^{33} hɛ^{33} dzɯ^{55}　　天君药良奇　　天君的神药，

xɯ^{21} gu^{21} lɯ^{21} ɣa^{33} ɖu^{55}　　海里的也落　　落进了海里，

na^{21} tʻy^{33} ʐu^{21} ʐo^{21} bi^{55}　　你它找我给　　请你找给我！”

a^{33} ha^{33} xɯ^{21} vu^{55} ɳɪ^{33}　　阿哈侯乌呢　　阿哈侯乌，

mi^{21} nɯ^{13} ʂɛ^{13} ho^{21} pʻo^{21}　　妇女蛇见躲　　如妇女躲蛇，

ndʐɯ^{33} lɯ^{21} ɣɯ^{21} ɣa^{33} hɛ^{13} 闪的旁也站 朝一旁闪开：

ʐo^{21} a^{21} mɛ^{13} ma^{55} ŋɯ^{21} 我姑娘不是 “我不是姑娘！”

ʂʅ^{21} ɣo^{21} tɕɪ^{13} ʑɯ^{55} ȵɪ^{33} 什俄纪优呢 什俄纪优说：

ʐo^{21} ʔu^{33} mu^{33} na^{21} ma^{21} tʻa^{33} 我头上眼不明 “我眼看不见，

dʐy^{21} ʐo^{33} ne^{33} ma^{21} gɛ^{21} 身长心不清 心也不明白，

lɯ^{55} sa^{13} ȵɪ^{33} mo^{21} mo^{21} 女气乃香香 女郎气息香，

lɯ^{55} la^{13} dʐu^{21} tʻu^{33} tʻu^{33} 女手筋脉脉 女郎手温柔，

lɯ^{55} mba^{33} tʻɯ^{33} nɯ^{21} bi^{55} 女语清温给 女郎话亲切，

lɯ^{55} ʈʻu^{55} ʑɛ^{21} sʅ^{33} sʅ^{33} 女脸笑嘻嘻 女郎面带善。

dʐy^{33} vu^{55} dʐy^{33} ŋa^{33} 林 禽 林 鸟 林间飞禽中，

a^{21} mɛ^{13} gɯ^{55} ɣa^{33} yo^{13} lo^{33} sɯ^{55} 姑娘鹤与鹃也似 姑娘像鹤鹃，

gɯ^{55} ȵɪ^{33} ʈu^{21} 鹤 乃 喉 是鹤要鸣喉，

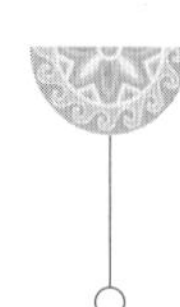

ɣo^{13} ȵɪ^{33} hɯ^{21} tɯ^{33} ŋɯ^{33}	鹃乃鸣就是	杜鹃要鸣叫。
dʑy^{33} ȵɪ^{55} dʑy^{33} ʂu^{33}	林 野 林 兽	林间走兽中，
a^{21} mɛ^{13} tʂʻʅ^{21} ɣa^{33} lu^{33} lo^{33} sɯ^{55}	姑娘鹿呀獐与似	姑娘像鹿獐，
tʂʻʅ^{13} ȵɪ^{33} ʔɛ^{13}	鹿 乃 依	是鹿要依偎，
lu^{33} ȵɪ^{33} ba^{13} tɯ^{33} ŋɯ^{33}	獐乃恋就是	是獐就依恋。
a^{33} ha^{33} xɯ^{21} vu^{55} ȵɪ^{33}	阿哈侯乌呢	阿哈侯乌，
xɯ^{21} gu^{21} lɯ^{55} ɣa^{33} lo^{55}	海中的也往	就从洱海里，
ʑi^{21} xo^{21} tʻa^{21} mo^{13} kʻɯ^{55}	水洁一滴舀	取一滴净水，
ʂʅ^{21} ɣo^{21} tɕɪ^{13} ʑɯ^{55} bi^{55}	什俄纪优给	给什俄纪优，
kʻɯ^{33} tsʻʅ^{33} tʻu^{55} ʑa^{33} mu^{33}	口漱脸也洗	漱口洗脸后，
ʔu^{33} mu^{33} na^{33} tʻa^{33} lɪ^{33}	头上眼明来	眼睛见亮了，
ʑo^{21} dʑy^{21} ne^{33} gɛ^{21} lɪ^{33}	身也心明来	心也明白了。

ʂʅ^{21} ɣo^{21} tɕɪ^{13} ʑɯ^{55} ȵɪ^{33}	什俄纪优呢	什俄纪优，
a^{33} ha^{33} xɯ^{21} vu^{55} lo^{13}	阿哈侯乌与	求阿哈侯乌，
dʑi^{21} ndʐʅ^{21} lɯ^{55} ʑɯ^{33} la^{33}	阳油女也啊	太阳姑娘啊，
ʑo^{21} na^{21} tɛ^{13} ɣa^{21} dɪ^{13}	我你娶也要	我要把你娶！
hɪ^{21} ʂu^{21} kʻu^{33} mu^{33} hu^{21}	恒硕苦姆洪	恒硕苦姆洪，
tʻy^{21} ɣa^{33} kʻɯ^{33} lɪ^{21} lu^{33}	其也到来了	到这地方后，
ʈʻu^{13} ɣa^{33} ʂɛ^{13} hɪ^{21} tsʻo^{13}	银与金屋盖	盖金银屋宇，
ʂu^{55} ɣa^{33} mɛ^{33} ɬu^{13} kʻo^{33}	绸与缎铺垫	绸缎作铺垫，
ndʐu^{55} ŋgɯ^{55} ɣo^{13} ŋgɯ^{55} tu^{13}	珠顶玉顶置	珠玉作装饰，
zu^{33} lɪ^{21} sɯ^{33} ʑo^{21} ʑo^{33}	子来三个生	生三个儿子。
ʂʅ^{21} ɣo^{21} tɕɪ^{13} ʑɯ^{55} ȵɪ^{33}	什俄纪优呢	什俄纪优，
vu^{33} ʈʻo^{21} ȵy^{21} ʑɯ^{33} mi^{13}	武陀尼之地	要去陀尼地，

ndʐu^{55} vɛ^{21} ɣo^{13} kʻo^{13} lɯ^{21}	珠购玉贩去	把珠玉购买，
sɯ^{21} kʻo^{13} tɯ^{55} po^{33} ndʐu^{21}	三年只返期	以三年为期，
tsʻɯ^{21} ɣa^{33} ɳɹ^{55} kʻo^{13} lo^{13}	十有二年了	却去十二年。
a^{33} ha^{33} xɯ^{21} vu^{55} ɳɹ^{33}	阿哈侯乌呢	阿哈侯乌，
lu^{33} ɖu^{21} fa^{13} na^{55} ɣo^{33}	洛笃法那卧	在洛笃法那卧，
tɕʻu^{33} ɳy^{21} tɕʻu^{33} nɯ^{21} tsʻo^{13}	帐青帐红搭	搭建青帐红帐。
mi^{21} ɳy^{21} mi^{21} nɯ^{21} ʑɛ^{21}	油青油红点	点青红油灯，
lu^{33} sɯ^{55} ɳɹ^{33} dʐa^{33} lu^{33}	样像的在了	如此住下了。
ndʐu^{55} tʻu^{33} lu^{33}	华 宇 宙	华丽宇宙间，
ɣo^{21} xɯ^{21} ɖɛ^{21} ʐɯ^{33} tɕy^{55}	洱海宽以下	宽阔的洱海，
lu^{33} ndzu^{33} ho^{21} ʔu^{33} dɪ^{13}	龙君羊头生	生羊头龙君，
lu^{21} tʂʻu^{33} do^{33} ʐɯ^{21} lɪ^{33}	龙车出也来	乘龙车而来，

tʻa21 ha33 lu33 ɣa33 ba13	一夜龙也媾	与侯乌交媾，
lu33 zu33 tɕy33 ʐo21 ʐo33	龙子九个生	生九个龙子[17]。
a33 ha33 xɯ21 vu55 ɳɪ33	阿哈侯乌呢	阿哈侯乌，
su21 ʐo33 dʑi21 tʂʻo55 su13	人夫亲嫁者	所嫁的亲夫，
vu33 tʻo21 ɳy21 ʐɯ33 mi13	武陀尼之地	去陀尼地方，
ndʐu55 vɛ21 ɣo13 kʻo13 lɯ21	珠购玉贩去	把珠玉购买，
sɯ21 kʻo13 tɯ55 po33 ndʐu21	三年只返定	归期定三年，
tsʻɯ21 ɣa33 ɳɪ55 kʻo13 po33	十有二年返	十二年才回。
vu55 hɪ21 kʻɯ33 lu21 no33	屋室到了呢	回到了家中，
mɛ55 lɯ33 tɕi13 ma21 sɛ55	妻的貌不识	夫认不出妻，
dʑi33 su13 nu33	陌　生　多	像是陌生人，
ʐo33 lɯ55 tʻa33 ma21 ho21	夫者面不见	妻认不出夫，

tɕʻo^{13}lu^{33}bu^{21}mu^{33}dʐa^{33}	形象乱的样	模样都变了。
vu^{55}na^{33}se^{33}ʑɯ^{33}ʑu^{21}	乌黑树也栖	如树上黑乌，
xɯ^{21} sɯ^{55} ʂa^{13}	铁　爪　叉	长了铁爪般，
dzu^{33}ma^{21}tɕʻi^{55}ʑɯ^{33}xo^{21}	虎不巢也送	就像虎离巢，
to^{33}dɯ^{13}lɯ^{33}ŋɯ^{33}sɯ^{55}	势处的是像	摆开了架势。
zu^{33}ʑu^{21}xɯ^{21}ɣa^{33}ndo^{55}	子抓海也掷	抓子丢海里，
ndo^{55}ɣa^{33}ma^{21}ndo^{55}sɿ^{33}	掷也未掷兮	正要丢之时，
tɛ^{13}ȵy^{21}tɛ^{13}nɯ^{21}dzɛ^{33}	云青云红骑	其子骑彩云，
mbu^{33}ȵy^{21}mbu^{33}nɯ^{21}ve^{13}	衣青衣红穿	穿着青红衣，
ndʐu^{21}ȵy^{21}ɣo^{13}nɯ^{21}gu^{55}	珠青玉红披	披青红珠玉，
tʻu^{33} lu^{33} ɬi^{33} tʻu^{55}	宇 宙 四 面	映照着四方。
ɣo^{13}xɯ^{21}ɖɛ^{21}ʑɯ^{33}tɕy^{55}	洱海宽以里	在宽阔洱海，

彝文注音	直译	意译
tʻɯ^{55} tɛ^{13} tʻɯ^{55} dzu^{21} lɯ^{33}	其立其住了	居住了下来。
tʻu^{33} lu^{33} ɬi^{33} tʻu^{55}	宇 宙 四 面	主宰着四方，
hɪ^{13} lu^{21} va^{13} ʐɯ^{33} ndzu^{33}	八鲁旺也君	主宰八鲁旺[18]，
lɯ^{33} kɯ^{13} ko^{13} dɪ^{13}	动 会 命 带	凡有生命的，
tʻa^{21} xɯ^{33} tʻy^{21} ɣa^{33} ŋgɯ^{55}	一姓他也顶	都听命于他。
tʻu^{33} lu^{33} ɬi^{33} tʻu^{55}	宇 宙 四 面	在东南西北，
mi^{33} mi^{13} ɬi^{33} ɣo^{21} ŋgo^{33}	天地四道门	天地的四方，
dʑi^{33} zɛ^{21} xɯ^{21} zɛ^{21} tu^{13}	铜柱铁柱竖	立铜柱铁柱[19]，
dʑi^{33} gu^{21} xɯ^{21} gu^{21} tʂʻɛ^{55}	铜盾铁盾挂	挂铜盾铁盾，
dʑi^{33} ŋgɛ^{33} xɯ^{21} ŋgɛ^{33} ndo^{33}	铜矛铁矛制	制铜矛铁矛，
su^{33} ʂɛ^{13} ɬi^{33} pʻe^{21} tʂʻɛ^{55}	书黄四卷挂	挂四幅黄卷，
tɕɪ^{13} ʐɯ^{55} ma^{21} dʐɛ^{55} ʑɪ^{33}	纪优不归图	纪优不归天，

彝文	注音	直译	意译
	su^{33} ʂɛ^{13} ʈʻu^{55} ɣa^{33} dɪ^{13}	书黄面上在	图绘在上面。
	ʂʅ^{21} ɣo^{21} tɕɪ^{13} ʑɯ^{55} ɳɪ^{33}	什俄纪优呢	什俄纪优，
	hɪ^{21} ʂu^{21} kʻu^{33} mu^{33} hu^{21}	恒硕苦姆洪	去恒硕苦姆洪。
	tʻy^{21} ɣa^{33} kʻɯ^{33} lɪ^{21} lu^{33}	他也到来了	到了那里后，
	a^{33} ha^{33} xɯ^{21} vu^{55} lo^{13}	阿哈侯乌道	问阿哈侯乌，
	na^{21} ʑu^{21} ʑo^{21} ɣa^{33} mu^{33}	你自己也助	是自立的吗？
	a^{33} ha^{33} xɯ^{21} vu^{55} lo^{13}	阿哈侯乌与	又追问侯乌，
	tʻy^{21} sʅ^{55} vu^{33} ŋɯ^{55} ŋɯ^{21}	此如行是是	是这样的吗？
	a^{33} ha^{33} xɯ^{21} vu^{55} ɳɪ^{33}	阿哈侯乌呢	阿哈侯乌说，
	na^{21} po^{33} tsʻɯ^{21} ɳɪ^{55} kʻo^{13}	你返十二年	你去十二年，
	na^{21} mɛ^{55} a^{21} su^{33} hu^{13}	你妻阿谁养	谁替你养妻？
	na^{21} zu^{33} a^{21} su^{33} sʅ^{33}	你子阿谁抚	谁替你抚子？

ʂʅ^{21} ɣo^{21} tɕɪ^{13} ʐɯ^{55} ȵɪ^{33}　什俄纪优呢　什俄纪优，

ʑɛ^{33} no^{33} sʅ^{33} nu^{33} lu^{21}　长乃细农罗　将长子细奴罗，

la^{13} ʔu^{33} lɯ^{55} ʐɯ^{33} ʐu^{21}　手头的也抓　顺手拉来看，

tsʻɯ^{21} ʈʻu^{13} mo^{21} mo^{21}　发 角 苍 苍　鬓角苍苍，

na^{33} ho^{55} hɯ^{33} hɯ^{33}　眼 睛 炯 炯　眼神炯炯。

dzɯ^{21} kʻu^{33} mu^{21} ʐɯ^{33} dʐɛ^{55}　顶位高也升　福像入了画，

se^{33} tʻɯ^{33} ʂu^{55} bi^{21} zu^{33} lo^{13} lɯ^{55}　色吞输毕日是的　就是色吞输毕日[20]。

ʂʅ^{21} ɣo^{21} tɕɪ^{13} ʐɯ^{55}　什 俄 纪 优　什俄纪优，

tʻa^{21} ha^{33} dʐo^{21} po^{33} lɪ^{33}　一夜在返来　经过一夜后，

na^{21} tʻy^{33} ʐu^{21}　你 其 样　说你的行为，

ʐo^{21} tʻy^{33} mu^{33}　我 其 信　我是相信的，

t‘y21 sɿ55 vu33 ŋɯ55 ŋɯ21	此如行是是	如此可以吗？
a33 ha33 xɯ21 vu55 ȵɪ33	阿哈侯乌呢	阿哈侯乌说，
ʑo21 na21 mɛ55	我 你 妻	我不是你妻，
na21 ʑo21 ʑo33 ma55 ŋɯ21	你我夫不是	你不是我夫，
t‘y21 na21 zu33 ma55 ŋɯ21	他你子不是	他非你儿子！
tɕu55 no33 ʑɪ13 nu33 lu21	次乃易奴罗	将次子易奴罗[21]，
la13 ʔu33 lɯ55 ʑɯ33 ʑu21	手头的也抓	顺手拉来看，
ts‘ɯ21 t‘u13 mo21 mo21	发 角 苍 苍	鬓角苍苍，
na33 ho55 hɯ33 hɯ33	眼 睛 炯 炯	眼神炯炯。
dzɯ21 k‘u33 mu21 ʑɯ33 dʐɛ55	顶位高也升	福相入了画，
dɯ21 pu33 mi33 ho21 lo13	德补米洪是	传下德补米洪[22]。

ʂɿ21 ɣo21 tɕɪ13 ʐɯ55 ɲɪ33	什俄纪优呢	什俄纪优，
tʻa21 dʐo21 po33 lɪ21 sɿ33	一番返来兮	又一番说道，
na21 tʻy33 ʐu21	你 其 样	说你的行为，
ʐo21 tʻy33 mu33	我 其 信	我是相信的，
tʻy21 sɿ55 vu33 ŋɯ55 ŋɯ21	此如行是是	如此可以吗？
a33 ha33 xɯ21 vu55 ɲɪ33	阿哈侯乌呢	阿哈侯乌，
mɛ55 ne33 kʻa33 ŋɯ33 lɯ55	妻心狠是的	妻子是狠心，
na21 po33 tsʻɯ21 ɲɪ55 kʻo13	你去十二年	你去十二年，
na21 mɛ55 a21 su33 hu13	你妻阿谁养	谁替你养妻？
na21 zu33 a21 su33 sɿ33	你子阿谁抚	谁替你抚子？
ʐo21 na21 mɛ55	我 你 妻	我不是你妻，
na21 ʐo21 ʐo33 ma55 ŋɯ21	你我夫不是	你不是我夫！

ʂʅ^{21} ɣo^{21} tɕɪ^{13} ʐɯ^{55} ȵɪ^{33}	什俄纪优呢	什俄纪优，
ȵɪ^{13} no^{33} sʅ^{33} a^{21} lu^{33}	幼乃细奴罗	将幼子细奴罗，
la^{13} ʔu^{33} lɯ^{55} ʐɯ^{33} ʐu^{21}	手头的也抓	顺手拉来看，
tsʻɯ^{21} ʈʻu^{13} mo^{21} mo^{21}	发 角 苍 苍	鬓角苍苍，
na^{33} ho^{55} hɯ^{33} hɯ^{33}	眼 睛 炯 炯	眼神炯炯。
dzɯ^{21} kʻu^{33} mu^{21} ʐɯ^{33} dʐɛ^{55}	顶位高也升	福相入了画。
a^{33} ha^{33} xɯ^{21} vu^{55} ȵɪ^{33}	阿 哈 侯 乌	阿哈侯乌，
tʻa^{21} kʻɯ^{33} kʻu^{13} tʻu^{33} tʻu^{33}	一声叫朗朗	放声来高叫，
tɕʻi^{13} tsʻɪ^{13} ʈu^{33} ɣa^{33} ʐu^{21}	脚细腕也抓	抓她儿脚腕。
ndʐo^{21} ɣa^{33} lu^{21} dʑi^{33} ɣo^{55}	卓雅罗纪家	卓罗纪家，
zu^{33} ʂʅ^{33} tɕʻi^{13} dʐu^{21} dɪ^{13}	子兴脚镯戴	男子戴脚镯，
sʅ^{33} a^{21} lu^{33} lɪ^{21} mi^{55}	细奴罗来兴	兴于细奴罗。

pʻu^{55} ʂʅ^{21} ɣo^{21} tɕɪ^{13} ʑɯ^{55}	父什俄纪优	父什俄纪优，
mo^{21} a^{33} ha^{33} xɯ^{21} vu^{55}	母阿哈侯乌	母阿哈侯乌，
zu^{33} sʅ^{33} nu^{33} a^{21} lu^{33}	子细奴阿罗	子细奴阿罗，
dʐɯ^{21} ɣa^{33} ɖu^{21} sʅ^{33} sɯ^{33}	奴也独斯敕	奴仆独斯敕[23]，
tʻy^{21} ɬi^{33} hɛ^{33} lɯ^{55} zɛ^{21}	其四贤的世	四贤同堂时，
hɪ^{21} ʂu^{21} kʻu^{33} mu^{33} hu^{21}	恒硕苦姆洪	恒硕苦姆洪，
tʻy^{21} ɣa^{33} dʐo^{21} dʐa^{33} lu^{33}	其也在的了	系他们所住。

ɣo^{21} ʑɯ^{33} tʻa^{21} ɳɪ^{21} no^{33}	后之一天呢	后来有一天，
pʻu^{55} ʑɯ^{33} fe^{13} zɯ^{33} tʂu^{21}	父也权掌命	天要他掌权，
dʑy^{33} ndzu^{33} vu^{55} ʈʻu^{13} zu^{33}	天君鸡白子	天君的白鸡，
pʻo^{21} pʻo^{21} tʻa^{55} lɯ^{33} lɪ^{21}	朴朴上的来	从空中飞来，

tʻa^{21} ʔu^{33} ndɛ^{33} ɣa^{33} ɳɪ^{33}	顶头上也坐	坐在他头上；
mo^{21} ʑɯ^{33} kʻu^{33} ha^{13} fo^{33}	母之境守运	地要他守境，
ʂu^{33} fu^{33} ʂɛ^{13} ɳy^{33} zu^{33}	地王蛇青子	地王的青蛇，
ho^{21} ho^{33} mu^{33} lɯ^{55} lɪ^{33}	派派样的来	有气派地来，
tɕʻi^{13} lɛ^{21} ga^{13} ʑɯ^{33} kɛ^{33}	脚背上也停	停在他脚背。
fe^{13} zɯ^{33} lu^{21}	权 掌 标	显掌权标志，
kʻu^{33} ha^{13} lu^{21} mu^{33} ɖu^{21}	境守志的形	显守境标志。
pʻu^{55} ʑɯ^{33} fe^{13} zɯ^{33} tʂu^{21}	父也权掌命	天命他掌权，
mo^{21} ʑɯ^{33} kʻu^{33} ha^{13} fo^{33}	母之境守运	地令他守境，
ʑo^{21} lɪ^{21} ɣo^{21} ɣa^{33} no^{33}	已来驻也呢	降大任于斯。
lu^{21} dʑi^{33} zu^{33} tʻu^{33} pʻu^{21}	罗纪子拓疆	罗纪为开疆，
ɳy^{33} nu^{33} mu^{33} nu^{33} ʑu^{21}	牛牲马牲取	用牛马牺牲，

pʻu^{21} tʻe^{13} zy^{55}　　祠　变　庙　　祖祠变寺庙，

vɛ^{21} tʻe^{13} bu^{33} ɣa^{21} tʂo^{13}　　灵变像也转　　祖灵变塑像，

ndʐɯ^{55} tɕʻy^{13} bu^{33} lɪ^{21} tʂʻu^{13}　　神顶羊来施　　羊祭神位头，

ndʐɯ^{55} kʻo^{21} nɯ^{55} lɪ^{21} tʻe^{13}　　神基猪来供　　猪祭神位脚，

ndʐɯ^{55} mɛ^{33} ɬi^{33} ɣo^{21} tʻɯ^{13}　　神火四处放　　四处放神火。

tɛ^{13} lu^{21} va^{13} ʐɯ^{33} tɕy^{55}　　八鲁旺也间　　八鲁旺以内，

ndʐɯ^{55} du^{21} tʂʻo^{33} hɪ^{13} ta^{33}　　神杖随赋征　　用神杖征赋，

ndʐɯ^{55} du^{21} tʂʻo^{33} ŋgu^{21} ʂu^{21}　　神杖随租收　　用神杖收租。

mi^{33} ʈu^{13} tʂɯ^{55} fe^{13} ʐɯ^{33}　　天白收权掌　　受天命掌权，

tsʻu^{33} na^{33} ʂu^{21} kʻu^{33} ha^{13}　　地黑理境守　　为大地守境，

tʻy^{21} no^{33} tʻy^{21} lo^{13} lɯ^{55}　　其乃此是了　　就是这样的。

ndzo^{21} ɣa^{33} lu^{21} dʑi^{33} ɣo^{55}	卓也罗纪家	卓雅罗纪家，
pʻu^{21} fe^{13} zɯ^{33}	疆　权　掌	掌权开疆，
no^{13} kʻu^{33} ha^{13}	域　境　守	守城保境，
ʂʅ^{21} tɕɪ^{13} ʑɯ^{55} lɪ^{21} mi^{55}	什纪优来兴	始于什俄纪优。
ŋu^{33} hu^{21} lu^{33}	五　洪　鲁	封下五岳，
ŋu^{33} na^{33} ʑi^{33} ʑɯ^{33} fe^{13}	五黑水也封	封下五渎。
mi^{33} ɣo^{13} ʂu^{55} hu^{21} lu^{33}	天南输洪鲁	南岳输洪鲁[24]，
mi^{33} kʻɛ^{33} ɬu^{33} hu^{21} lu^{33}	天北鲁洪鲁	北岳鲁洪鲁[25]，
dʑi^{21} do^{33} tsy^{13} hu^{21} lu^{33}	日出巨洪鲁	东岳巨洪鲁[26]，
hu^{21} ɖɯ^{21} kɯ^{55} hu^{21} lu^{33}	月落勾洪鲁	西岳勾洪鲁[27]，
gu^{21} ʑɯ^{33} tɛ^{13} hu^{21} lu^{33}	中也点洪鲁	中岳点洪鲁[28]，
fi^{55} tʂʻɛ^{21} lɛ^{33} ɣa^{33} ʑi^{21}	东扯勒雅溢	东渎扯勒雅溢[29]，

彝文注音	直译	意译
ɬo^{13} ʐɯ^{33} ɣo^{13} xɯ^{21} ɖɛ^{21}	西也洱海盈	西渎洱海出水[30]，
mi^{33} kʻɛ^{33} nɛ^{21} ɣa^{33} ʑi^{21}	天北奈雅溢	北渎奈雅溢[31]，
mi^{33} ɣo^{13} bu^{55} ʑi^{21} ȵy^{21}	天南波溢尼	南渎波溢尼[32]，
gu^{21} ʐɯ^{33} ho^{21} hu^{21} gɛ^{21}	中也宏洪咯	中渎宏洪咯[33]。
tʻy^{21} ȵɪ^{55} tɕu^{55} ʐɯ^{33} tɕy^{55}	其二间以下	在山河之间，
tsʻɯ^{21} ȵɪ^{55} tɪ^{21} ʐɯ^{33} fe^{13}	十二层也司	地分十二幅，
ʔu^{33} ʐɯ^{33} tɕy^{33} tsʻɯ^{33} tɕy^{33} hu^{21} so^{33}	上也九十九坝雅	上有九十九大坝，
dʐo^{13} ʐɯ^{33} tɕʻo^{13} tsʻɯ^{21} tɕʻo^{13} lu^{33} mo^{21}	中也六十六城大	中有六十六大城，
mɛ^{33} ʐɯ^{33} sɯ^{33} tsʻɯ^{33} sɯ^{33} ga^{13} mu^{21}	末也三十三坳高	边有三十三高山。
tʻy^{21} ȵɪ^{55} tɕu^{55} ʐɯ^{33} tɕy^{55}	其之间以下	这片土地上，
ʂa^{33} ʐɯ^{33} ndzu^{33} dzu^{21} tsʻɪ^{13}	啥也君住代	君长仿汉制，
tɛ^{13} tsʻo^{13} ndzu^{33} 3dzu^{21} pʻu^{21}	点苍君住地	君住点苍地，

ku^{33}ʐɯ^{33}mu^{55} dzu^{21}no^{13}　崮依臣住域　臣住崮依地[34]，

a^{33}dʐo^{33}pu^{13} tʻɯ^{55}no^{13}　阿着布家土　布摩住阿着地[35]。

tsɪ^{13}du^{33}ma^{21} tʻo^{21}no^{33}　宰度不设呢　若不设宰度[36]，

pʻu^{21} sɛ^{21} ma^{21} ɖu^{21}　祠 主 不 喜　怕土神不喜，

no^{13} sɛ^{21} ma^{21}ɖu^{21} tɕi^{33}　灵主不喜怕　恐地神不喜，

tsɪ^{13} zu^{33} tɕɪ^{13} ʔu^{33} tʻu^{13}　宰子星头白　臣属如明星，

tʻu^{33} lu^{33} ɬi^{33} tʻu^{55}　宇 宙 四 面　在东南西北，

ɬi^{33} tʻu^{55} hɪ^{13} tsɪ^{13} du^{33}　四面八宰度　设置八宰度，

tɕɪ^{13} dzɪ^{13} lɪ^{21} lɯ^{33}sɯ^{55}　星密来的似　像繁星密布，

tɛ^{13} tsʻo^{13}pʻu^{21}ɣa^{33}ɣo^{13}　点苍地以内　点苍所属地，

sɛ^{21} pʻu^{33}sa^{13}ʐɯ^{33} ʐu^{21}　主子气也取　显王者风度，

su^{21} tʻa^{21}ʐo^{21} lo^{33}tɕʻu^{55}　人一个与应　没一人随从。

sε^{55} ma^{21} dzε^{21} lɯ^{55} tɕi^{33}	知不足的怕	怕知识缺少，
ts'ɯ^{21} ȵɹ^{55} lu^{21} bi^{21} ndo^{33}	十二山巅拓	拓十二山巅，
ts'ɯ^{21} ȵɹ^{55} a^{21} ʂʅ^{33} ȵɹ^{21}	十二阿史坐	安十二阿史[37]。

ȵɹ^{13} no^{33} sʅ^{33} nu^{33} lu^{21}	幼乃细奴罗	幼为细奴罗。
sʅ^{33} nu^{33} lu^{21} ȵɹ^{33} t'ɯ^{55}	细奴罗乃一	一代细奴罗，
a^{21} lu^{33} ndʐo^{21} ȵɹ^{33} ȵɹ^{55}	阿罗卓乃二	二代阿罗卓，
ndʐo^{21} lu^{21} dʑi^{33} ȵɹ^{33} sɯ^{33}	卓罗纪乃三	三代卓罗纪[38]，
lu^{21} dʑi^{33} ʔu^{33} ȵɹ^{33} ɬi^{33}	罗纪凤乃四	四代罗纪凤，
ʔu^{33} lu^{33} ʑu^{21} ȵɹ^{33} ŋu^{33}	凤罗异乃五	五代凤罗异，
ʑu^{21} ɣɯ^{21} nɯ^{55} ȵɹ^{33} tɕ'o^{13}	异额呢乃六	六代异额呢，
ɣɯ^{21} nɯ^{55} a^{21} dʐo^{21} ɕi^{55}	额呢阿卓七	七代额呢阿卓，

a^{21} dʐo^{21} da^{33} ʑu^{21} hɪ^{13}　　阿卓达佑八　　八代阿卓达佑，

da^{33} ʑu^{21} tɕi^{13} fu^{33} tɕy^{33}　　达佑纪丰九　　九代达佑纪丰，

tɕi^{13} fu^{33} lu^{21} dʑi^{33} tsʻɯ^{21}　　纪丰罗纪十　　十代纪丰罗纪。

lu^{21} dʑi^{33} a^{21} ʑo^{33} tʻɯ^{55}　　罗纪阿佑一　　一代罗纪阿佑，

a^{21} ʑo^{33} ba^{13} ʑu^{21} ȵɪ^{55}　　阿佑爸佑二　　二代阿佑把佑，

ba^{13} ʑu^{21} a^{21} no^{13} sɯ^{33}　　爸佑阿诺三　　三代把佑阿诺，

a^{21} no^{13} xɛ^{21} nɯ^{55} ɬi^{33}　　阿诺赫诺四　　四代阿诺赫诺，

xɛ^{21} nɯ^{55} a^{33} ɣo^{21} ŋu^{33}　　赫诺阿俄五　　五代赫诺阿俄，

a^{33} ɣo^{21} ti^{33} lo^{13} tɕʻo^{13}　　阿俄帝罗六　　六代阿俄帝罗，

ti^{33} lo^{33} lu^{21} dʐɯ^{21} ɕi^{55}　　帝罗卢宙七　　七代帝罗卢宙，

lu^{21} dʐɯ^{21} sa^{13} lɯ^{21} hɪ^{13}　　卢宙世隆八　　八代卢宙世隆，

sa^{13} lɯ^{21} a^{21} mi^{55} tɕy^{33}　　世隆阿咪九　　九代世隆阿咪，

a21 mi55 lu21 vi13 tsʻɯ21	阿咪隆禹十	十代阿咪隆禹。
ʂa33 ʑɯ33 ndzu33 dzu21 tsʻɿ13	汉之君袭世	仿效汉君制，
ʂa33 ʑɯ33 mu55 dzu21 tsʻɿ13	汉之臣袭世	仿效汉臣制。

dʑi21 do33 tu13 ȵɪ33 tʻɯ55	吉朵杜乃一	一代吉朵杜，
tu13 a21 lu33 ȵɪ33 ȵɪ55	杜阿罗乃二	二代杜阿罗，
lu21 ɣɯ21 dzɯ21 ȵɪ33 sɯ33	罗额则乃三	三代罗额则，
ɣɯ21 dzɯ21 dzo33 ȵɪ33 ɬi33	额则佐乃四	四代额则佐，
dzo33 a33 pʻu21 tʻu33 ŋu33	则雅濮妥五	五代则雅濮妥，
pʻu21 a21 ʂɿ33 ȵɪ33 tɕʻo13	濮阿史乃六	六代濮阿史，
ʂɿ21 a21 ka33 ȵɪ33 ɕi55	史阿嘎乃七	七代史阿嘎，
ka13 ho21 dzu21 ȵɪ33 hɪ13	嘎洪足乃八	八代嘎洪足，

ho^{21} dzu^{21} a^{21} ʂʅ^{33} tɕy^{33}　　洪足阿史九　　九代洪足阿史[39]，

a^{21} ʂʅ^{33} tu^{13} tɕa^{33} tsʻɯ^{21}　　阿史杜迦十　　十代阿史杜迦。

tu^{13} tɕa^{33} a^{21} ndʐo^{33} tʻɯ^{55}　　杜迦阿卓一　　一代杜迦阿卓，

a^{21} ndʐo^{33} mi^{33} ŋgɛ^{33} ȵɹ^{55}　　阿卓阿陔二　　二代阿卓阿陔，

mi^{33} ŋgɛ^{33} lu^{21} tʂu^{13} sɯ^{33}　　阿陔卢祝三　　三代阿陔卢祝，

lu^{21} tʂu^{13} ka^{13} ɣɯ^{21} ɬi^{33}　　卢祝嘎额四　　四代卢祝嘎额，

a^{21} ɣɯ^{21} xɛ^{21} po^{33} ŋu^{33}　　阿额赫保五　　五代阿额赫保，

xɛ^{21} po^{33} a^{21} ʂʅ^{33} tɕʻo^{13}　　赫保阿史六　　六代赫保阿史。

dɯ^{13} ʑɯ^{33} tsʻɯ^{21} tɕʻo^{13} tsʻɪ^{13}　　出也六十代　　传有六十代，

ʂa^{33} ʑɯ^{33} pu^{13} dzu^{21} tsʻɪ^{13}　　汉也布袭世　　布摩习汉俗。

sɛ^{33} tʻɯ^{33} a^{21} tʂu^{13} ʂu^{21}　　色吞阿注理　　色吞阿注氏：

mu^{33}pu^{13}lu^{21}ɳɹ^{33}t'ɯ^{55}	姆布鲁乃一	一代姆布鲁，
pu^{13} lu^{21}ɣɯ^{21} ku^{33} ɳɹ^{55}	布鲁额古二	二代布鲁额古，
ɣɯ^{21}ku^{33}ts'ɪ^{13} to^{33} sɯ^{33}	额古岑朵三	三代额古岑朵，
ts'ɪ^{13} to^{33} a^{33} nɯ^{55} ɬi^{33}	岑朵阿能四	四代岑朵阿能，
a^{33} nɯ^{55} a^{21} sɿ^{33} ŋu^{33}	阿能阿斯五	五代阿能阿斯，
a^{21} sɿ^{33} a^{21} tʂu^{21}tɕ'o^{13}	阿斯阿注六	六代阿斯阿注，
a^{33}tʂu^{21} ɣɯ^{21} tɕɪ^{13} ɕi^{55}	阿注额杰七	七代阿注额杰，
ɣɯ^{21}tɕɪ^{13} bi^{21}dzu^{33}hɪ^{13}	额杰毕足八	八代额杰毕足，
bi^{21} dzu^{33} a^{21} vu^{33}tɕy^{33}	毕足阿武九	九代毕足阿武，
a^{21}vu^{33}vi^{21} mɛ^{33} ts'ɯ^{21}	阿武迂默十	十代阿武迂默。
vi^{21}mɛ^{33}bu^{33}dzɿ^{21}t'ɯ^{55}	迂默卜直一	一代迂默卜直，
bu^{33}dzɿ^{21} a^{21} tu^{13} ɳɹ^{55}	卜直阿独二	二代卜直阿独，

tu^{13} mu^{33} lu^{21} n̥ɪ^{33} sɯ^{33}	独蒙罗乃三	三代独蒙罗，
mu^{33} lu^{21} a^{21} tɕɪ^{13} ɬi^{33}	蒙罗阿杰四	四代蒙罗阿杰。
mu^{33} mo^{21} ʐɪ^{13} a^{21} ŋgɯ^{55}	行为庄也顶	重行为端庄，
dɯ^{13} ʐɯ^{33} tsʻɯ^{21} ɬi^{33} tsʻɪ^{13}	出也十四代	传了十四代，
ʂa^{33} ʐɯ^{33} kʻa^{33} dzu^{21} tsʻɪ^{13}	汉也将袭世	将帅仿汉制。
ɬo^{13} ʐɯ^{33} ndʐo^{21} lu^{21} dʑɪ^{33}	西之卓罗纪	西边卓罗纪，
vu^{33} ʂa^{33} n̥ɪ^{55} tʻu^{33} lu^{33}	武啥两宇宙	引汉制治国[40]，
tʻy^{21} no^{33} tʻy^{21} lo^{13} lɯ^{55}	其乃此是了	就是这样的。

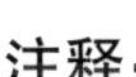
注释:

① 罗纪: 人名, 即唐代的南诏王皮罗阁, 后指南诏王族及属民。

② 点苍地方 : 泛指云南洱海之滨的大理等地。

③ 恒氏: 即恒特氏, 又称“米靡”或“慕靡”, 代表彝族的第四个历史时期。

④ 恒苦慕: 人名, 亦作“昆明”, 恒特氏之王。

⑤ 特氏: 又称“恒特氏”, 见注 ③。

⑥ 什默采: 人名, 什勺氏君长, 南诏蒙氏之始祖。

⑦⑧ 尼氏、能氏：即尼能氏，参见本书《尼能源》。

⑨ 武色吞：参见本书《武色吞源》。

⑩ 大雅氏：武色吞的分支，与南诏蒙氏有姻亲关系。

⑪ 德施氏：彝族六祖分支的第六支系，与南诏蒙氏有姻亲关系。

⑫ 蒙确舍：人名，后由人名演化为部族名。

⑬ 蒙阿格娱：人名，南诏蒙氏祖母阿哈倸乌的别名。

⑭ 恒硕鲁则勾：地名，在今云南省巍山彝族回族自治县境内的巍宝山一带。

⑮ 纪优：人名，又叫"独细奴""什俄纪优"，为细奴罗的父亲。

⑯ 阿哈倸乌：人名，蒙确舍之女，与什俄纪优结婚，生细奴罗等九弟兄。

⑰ 生九个龙子：哀牢九夷的翻版，指阿哈倸乌同洱海龙王所生的尼阿罗、细奴罗等九子。

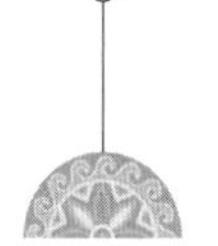

⑱ 八鲁旺：古代彝族居住的南方载鲁旺、载拜赫鲁旺，东方扯扯安鲁旺、安吾吐鲁旺，北方吉鲁旺、吉翁吐鲁旺，西方肯鲁旺、兜雅保八个区域。

⑲ 铜柱铁柱：树立铜铁柱盟誓，同时铜铁柱也以通天神器享受献祭。

⑳ 色吞输毕日：蒙氏家族的分支，融入外民族的一支。

㉑ 易奴罗：人名，细奴罗的兄弟。

㉒ 德补米洪：蒙氏家族的分支，后融入其他民族。

㉓ 独斯敕：人名，蒙氏的忠实奴仆。

㉔ 南岳输洪鲁：无量山，又称蒙乐山，在云南省普洱市景东彝族自治县西部。

㉕ 北岳鲁洪鲁：玉龙雪山，在云南省丽江市境内。

㉖ 东岳巨洪鲁：轿子雪山，又叫云龙山，乌蒙山的主峰，在云南省禄劝彝族苗族自治县境内。

㉗ 西岳勾洪鲁：高黎贡山，在云南省腾冲市境内，彝语另称"贡依洛吐博"。

㉘ 中岳点洪鲁：苍山，什勺时期名为"点吐博"，南诏时期称"点苍山"。

㉙ 东渎扯勒雅溢：南诏五渎之一，今川黔交界处的赤水河。

㉚ 西渎洱海出水：南诏五渎之一，洱海的出水口西洱河。

㉛ 北渎奈雅溢：南诏五渎之一，今丽江市境内的丽江。

㉜ 南渎波溢尼：南诏五渎之一，当指红河。

㉝ 中渎宏洪咯：南诏五渎之一，当指洱源江。

㉞ 崮依：地名，在今云南省西部一带。

㉟ 阿着地：地名，今云南省的曲靖沾益坝子。

㊱ 宰度：南诏时期所设的府或郡一类的行政区。

㊲ 阿史：彝语中对信奉道教、佛教等出家人的统称。

㊳ 卓罗纪：人名，融合了罗盛和皮罗阁两代的名字。

㊴ 洪足阿史：人名，通晓彝汉两种文化，造诣非常高的一位南诏和尚，其名见诸川滇黔彝文丧事类文献。

㊵ 引汉制治国：指南诏到了蒙罗阿杰时代，抛弃了原有的九扯九纵制度，而仿照大唐的制度。即主要官员中最高级称清平官，凡六人，职位等于唐朝的宰相。有大军将十二人，随同清平官每日见国王议事。清平官中一人为内算官，凡有文书，便代国王判押处置（平章事），二人为副内算官，同勾当（同平章事）。又外算官二人，或清平官或大军将兼任。外算官领六曹，凡六曹该行下的公事文书，由外算官与本曹出文牒行下。六曹相当于唐朝的六部，名称是兵曹、户曹（管户籍）、客曹、法曹、士曹（管营造工程）、仓曹（管财政）。六曹长有功绩，得升大军将。大军将在内随同清平官议政，出外镇守重要城镇，任节度使，积有功绩，得升清平官。地方组织是以洱海地区为中心，分为十睑（相当唐朝的州）六节度。